W0078966

HEXEN

Geschichte einer dunklen Zeit
in Bildern und Berichten

Barbara Berewinkel

HEXEN

Geschichte einer dunklen Zeit
in Bildern und Berichten

Pattloch

Die Deutsche Bibliothek –
CIP-Einheitsaufnahme

Berewinkel, Barbara:
Hexen : Geschichte einer dunklen Zeit
in Bildern und Berichten / Barbara Berewinkel.
- Augsburg : Pattloch, 1998
ISBN 3-629-00702-3

Einbandgestaltung: Atelier Höpfner-Thoma, München
Satz und Layout: Daniela Meyer, Pattloch Verlag Augsburg,
Georg Lehmacher, Friedberg (Bay.)
Reproduktion: Uhl & Massopust, Aalen
Druck und Bindung: Spiegel, Ulm
Printed in Germany

Gedruckt auf chlorfrei gebleichtem Papier.

ISBN 3-629-00702-3

Vorwort

Es ist ein weit verbreitetes Vorurteil, daß Zauberei und Hexerei Erfindungen des düsteren Mittelalters gewesen sind. Dabei reichten die Vorstellungen von einer Welt, in der magische Kräfte herrschten, bis in die ersten Hochkulturen vor unserer Zeitrechnung zurück. Und die berüchtigten Inquisitionsprozesse, die grausame Folter und die brennenden Scheiterhaufen dauerten bis weit ins 18. Jahrhundert an.

Die Hexenverfolgung hatte ihren Höhepunkt während der Frühen Neuzeit, d.h. vom 16. bis zum 18. Jahrhundert. Es war das Zeitalter der Entdeckung großer Kontinente und der Überquerung von Ozeanen. 1492 brach Kolumbus zu neuen Ufern auf. Wenige Jahre später folgte ihm Amerigo Vespucci und gab einer bis dahin unbekannten Welt seinen Namen.

Es war das Zeitalter der Erfindungen und Erfolge. Neue Welten hatten sich aufgetan und das Denken revolutioniert. 1437 gab Johannes Gutenberg seine erste Druckerpresse in Auftrag und kurze Zeit später begann er mit dem Druck einer 1282 Seiten umfassenden Bibel. Der Astronom Johannes Kepler erfand 1611 das nach ihm benannte Fernrohr. Vier Jahre später stand seine Mutter im Verdacht der Hexerei. Noch während Händel den Messias komponierte, Bach an der Kunst der Fuge arbeitete und Goethe mit dem Götz von Berlichingen große Erfolge feierte, verbrannten in Deutschland unschuldige Menschen auf dem Scheiterhaufen.

Wie konnte es dazu kommen? Wieso konzentrierte sich die Jagd in erster Linie auf die Frauen? Und wie ist zu erklären, daß sogar Kinder zu willigen Werkzeugen der Hexenjäger wurden? Mit welchem Recht folterten Menschen andere Menschen zu Tode?

Hexenprozesse bewegen die Gemüter bis heute. Längst nicht alle Fragen sind geklärt. Viele Gerichtsakten sind verloren, viele wurden jahrelang unter Verschluß gehalten, andere sind bis heute nicht gelesen. Und schließlich bleibt festzustellen, daß auf viele Fragen, die wir uns heute stellen, die alten Schriftstücke auch keine Antwort geben können.

Zauberei
und Hexerei

Klein, mager war Katharina Kepler, und von *schwärzlichbrauner Gesichtsfarbe.* Die Mutter des berühmten Wissenschaftlers Johannes Kepler galt als heil- und kräuterkundige Frau, die ihr Wissen nie ohne Handauflegen und Segenssprüche weitergab. Das allein machte sie verdächtig. Darüber hinaus wurde sie als *klatschsüchtig* und *zänkisch* beschrieben. Jahrelang war Katharina mit ihrem Mann im Gefolge großer Heere durch Europa gezogen, bevor sie sich schließlich im württembergischen Leonberg bei Stuttgart niederließ. Ihr Mann, der seinen Lebensunterhalt als Berufssoldat verdiente, kehrte von einem der Feldzüge nicht mehr zurück. Er galt als verschollen. In Leonberg blieb Katharina Kepler immer eine Außenseiterin.

Im Jahre 1615 stand sie zum ersten Mal im Verdacht der Hexerei. Das Unglück nahm seinen Lauf, als die Frau des Glasers Reinhold aus Leonberg an starken Bauchschmerzen erkrankte. Selbst ihr Bruder, der Leibbarbier des Prinzen Achilles von Württemberg, konnte ihr nicht helfen. Er äußerte allerdings den Verdacht, daß hier Zauberei am Werke sei. Die Schuldige war schnell gefunden: Die Kranke erinnerte sich, vor nicht allzu langer Zeit einen Trank von der Keplerin bekommen zu haben und beschuldigte sie der Hexerei. Katharina wies die Vorwürfe ener-

gisch zurück und erhob ihrerseits Verleumdungsklage. Sie legte sich sogar mit dem Richter an, der daraufhin einen Hexenprozeß in die Wege leitete. Nur dem Eingreifen ihres Sohnes verdankte die alte Frau ihr Leben. Johannes Kepler hatte zu diesem Zeitpunkt bereits einen Namen als Professor und Kaiserlicher Hofastronom. Er verlangte Einsicht in die Prozeßakten und bekam sie. Widerwillig rückten die Leonberger Richter die Unterlagen heraus. Sie mißtrauten dem Sterndeuter und fürchteten die Rache des einflußreichen Mannes. Johannes Kepler investierte sehr viel Zeit, Geld und seinen ganzen Einfluß, um seine Mutter vor der Folter zu bewahren. Dies gelang ihm auch. Die Henkersknechte versuchten zwar, die alte Frau einzuschüchtern, doch sie beteuerte ihre Unschuld:

> *Man fange mit mir an, was man will, ich weiß nichts zu bekennen. Wäre ich eine Unholdin, so würde ich es längst bekannt haben. Sollte ich aus Marter und Pein etwas bekennen, so ist es doch nicht die Wahrheit. Ich sterbe darauf, daß ich mit der Hexerei nichts zu tun gehabt habe.*

Am 28. September 1621 wurde Katharina Kepler schließlich freigelassen. Doch der Prozeß blieb nicht ohne Folgen. Im Frühjahr 1622 starb die Frau.

Der Prozeß gegen Katharina Kepler war insofern ungewöhnlich, da er mit dem Freispruch der Angeklagten endete. Der gute Ausgang des Prozesses hängt sicherlich mit dem Ansehen und Eingreifen ihres berühmten Sohnes zusammen. Normalerweise reichte der Verdacht aus, um als Hexe auf dem Scheiterhaufen zu verbrennen.

Auf dem Höhepunkt der Hexenverfolgungen zu Beginn des 17. Jahrhunderts fielen Tausende von Menschen dem Wahn zum Opfer. Ganze Familien wurden ausgelöscht, wie die des Kanzlers Georg Haan. Am 19. Januar 1628

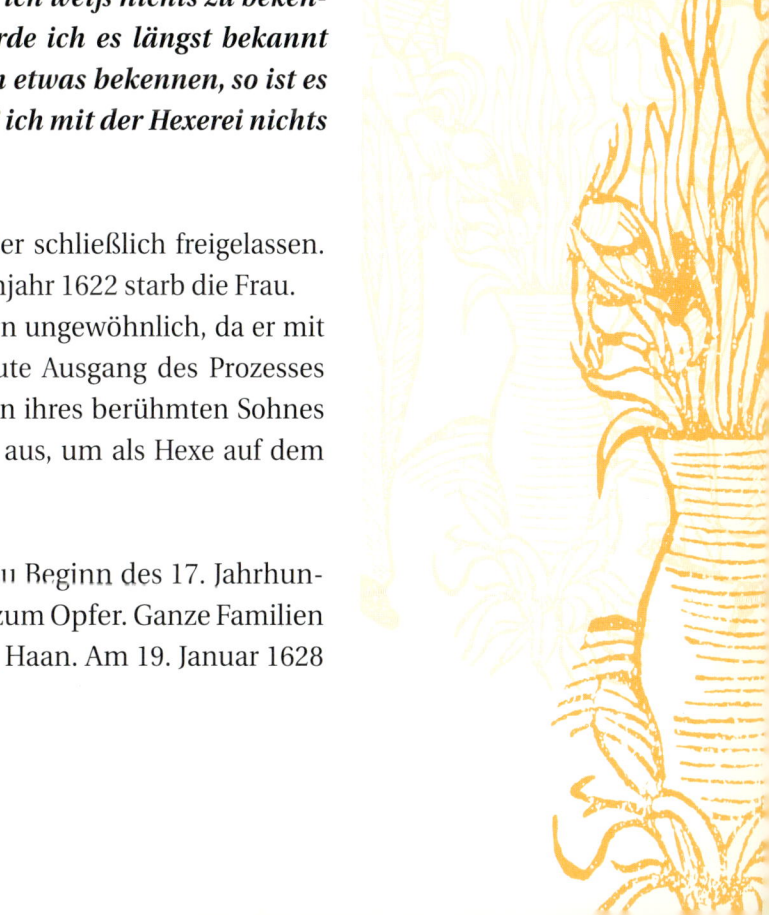

fällten die Räte der Stadt Bamberg das Todesurteil über die Kanzlersgattin Katharina Haan. Vorausgegangen war eine wochenlange Quälerei, bei der die Frau tagelange, zermürbende Kreuzverhöre und Folterqualen ertragen mußte. Daumen- und Beinschrauben zerquetschten ihr die Gliedmaßen, ehe Katharina Haan zugab, mit dem Teufel einen Pakt geschlossen zu haben. Der Höllenfürst habe sie mitgenommen zu den teuflischen Versammlungen. Menschen und Tiere habe sie verhext, Kinder geschändet und die Ernte vernichtet – mit einem Wort, die Kanzlersgattin gehörte offensichtlich der dämonischen Hexenbrut an. Daher wurde sie auf grausame Weise gefoltert, ehe man sie auf dem Scheiterhaufen verbrannte.

Hexen hatten sich dem Teufel verschrieben und verursachten in seinem Namen Krankheit, Elend und Tod

Was meinten die Menschen damals, im ausgehenden Mittelalter und in der Frühen Neuzeit, wenn sie von Hexerei sprachen? Was konnte ein Zauberer, Hexenmeister oder eine Hexe? Worin bestand ihre Macht? Und wo waren ihre Grenzen?

Zauberer oder Hexen nennen oder meinen wir allhier alldiejenigen, die Gott verleugnen und sich mit dem Teufel verbinden. Sie sind ärger als Heiden, Juden, Türken, Mamelucken, Mörder und Ehebrecher.

Diese Meinung, die der Jülicher Kanoniker Franz Agricola 1613 in seinem Werk über die *Zauberey und Hexerey* ausführlich darlegte, teilte er mit vielen seiner Zeitgenossen.

Wir Menschen des 20. Jahrhunderts haben uns angewöhnt, für alle Vorgänge, die in der Natur und um uns herum geschehen, eine verstandesmäßig

■ Der Glaube an Magie war ein Versuch der Menschen, rätselhafte Begebenheiten zu verstehen.

erfaßbare Erklärung zu suchen und zu verlangen. Für den Ausbruch von Vulkanen und Springfluten sind physikalische Kräfte verantwortlich. Wir wissen, daß bei Gezeitenwechsel die Erdanziehung mitwirkt und bei vielen Krankheiten Umweltfaktoren oder Erbanlagen eine entscheidende Rolle spielen. Noch läßt sich nicht abschätzen, welches Ausmaß die schreckliche Krankheit AIDS erreichen und welche Folgen das Ozonloch haben wird. Doch wie groß die Angst auch sein mag, keiner käme auf die Idee, für die katastrophalen Konsequenzen eine höllische Terrortruppe verantwortlich zu machen. Aber genau in diese Richtung gingen die Vorstellungen während der Hexenverfolgungen. Die Zeitgenossen glaubten, die Hexen gehörten einer großen Verschwörung an, die im Auftrag des Satans handelte, mit dem Ziel, die Macht auf Erden an sich zu reißen.

Den überlieferten Mythen und Riten der Naturvölker begegnen wir nicht selten mit einem herablassenden Lächeln. Dabei gab es in allen Kulturen Vorstellungen von Zauberei und Magie. Dahinter stand der Wunsch, geheimnisvolle Vorgänge in der Natur sowie menschliche Schicksalsschläge zu deuten und zu bewältigen.

In der Antike, im christlichen Mittelalter, ja bis in die Neuzeit hinein waren gute und böse Geister, Elfen, Feen, Kobolde und Dämonen fester Bestandteil des täglichen Lebens, mit deren Hilfe die Menschen das verwirrende Rätsel der Welt zu lösen versuchten. Die Ursachen von Krankheit, Sterben und langem Siechtum, von Dürre, Hagel, Kinderlosigkeit und anderen Schicksalsschlägen suchten sie in geheimnisvollen, ungebändigten Kräften. Die Menschen wußten wenig von den Vorgängen des eigenen Körpers ebenso wie von der Welt, in der sie lebten. Sie waren daher um so eher bereit, übernatürlichen Erklärungen zu glauben. Vor allem in Augenblicken großer Hilflosigkeit nahmen Angehörige aller Schichten und Altersklassen Zuflucht zur Magie. Mit Hilfe von Opfergaben, Zauber- und Segenssprüchen versuchten sie, die

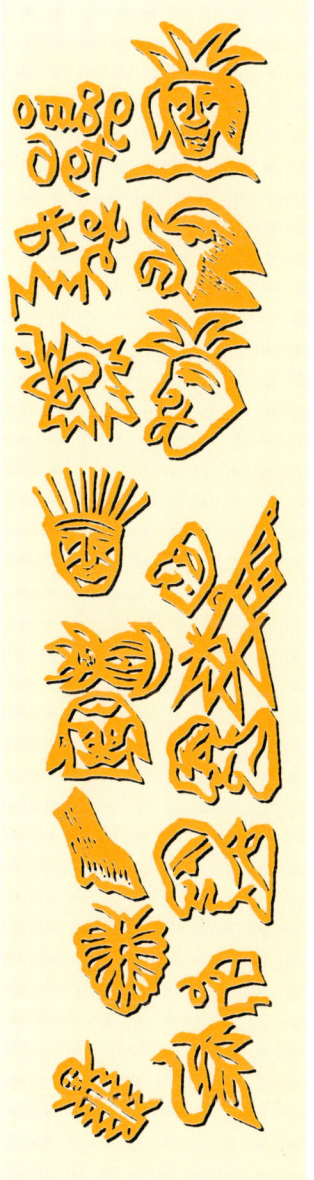

geheimnisvollen, kosmischen Mächte günstig zu stimmen. Allerdings war nach dem Volksglauben nicht jeder in der Lage, mit den Geistern in Verbindung zu treten. Dies blieb bestimmten Personen vorbehalten, den Magiern und Zauberern, den Weisen Frauen und Hexen. Sie suchten die Menschen auf, damit sie ihnen halfen, Krankheit und Unglück abzuwehren, die geliebte Person für sich zu gewinnen oder zukünftige Ereignisse vorauszusehen. Das heißt, sie suchten dort Hilfe, wo die eigenen menschlichen Kräfte versagten.

Die Männer und Frauen, die die sogenannte weiße Magie beherrschten, genossen hohes Ansehen. Die Wunderheiler, Stern- und Traumdeuter waren sogar noch zu der Zeit geachtet, als die Hexenjagden in Europa ihren Höhepunkt erlebten.

■ **Zauberei wurde im frühen Mittelalter in der Regel mit einer Buße bestraft.**

Gefürchtet war die unheilbringende schwarze Magie. Diese diente allein dem Nachteil von Mensch und Tier. Krankheit und Impotenz, Unwetter und Schäden an Haus und Hof wurden der schwarzen Magie zugeschrieben. Der Volksglaube ging dabei von der Vorstellung aus, daß jeder, der mit den übernatürlichen Mächten in Verbindung stand, sein Wissen zum Nutzen und zum Schaden der Menschen einsetzen konnte. Daher begegneten die Menschen den Weisen Männern und Frauen mit Respekt, aber auch mit Scheu und Mißtrauen.

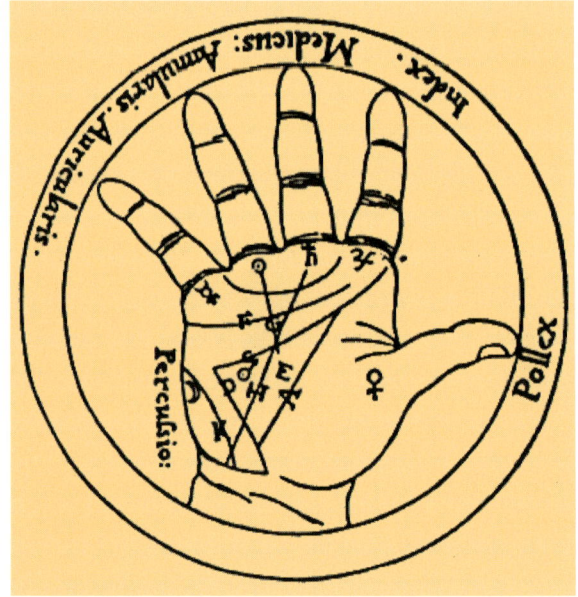

Wer im Verdacht stand, Schadenszauber begangen zu haben, wurde von jeher bestraft. Im Römischen Reich erwartete den Schadenszauberer beispielsweise eine seinem Verbrechen entsprechende Strafe. War ein Zauberer angeklagt, einer Person den Tod gebracht zu haben, so sollte er gleichfalls sterben, und zwar durch das Feuer. Auch die germanischen Volksrechte kannten Bestimmungen gegen unheilbringende Zauberei, allerdings fielen die eher milde aus. Sie beschränkten sich meist auf eine Geldbuße.

„ *Wenn einer das Getreidefeld eines anderen durch Zauberkünste anspricht und ertappt wird, so büßt er es mit 12 Schillingen. Auch muß er ein Jahr lang dessen Familie und dazugehörige Hauswirtschaft oder das Vieh in seine Fürsorge nehmen. Wenn er etwas davon in dem Jahr verliert, so muß er es ersetzen.*

So wollte es beispielsweise das Gesetz für den Volksstamm der Bayern im 8. Jahrhundert, das Lex Baiuvariorum.

Der erste Merseburger Zauberspruch entstand vor 750:

Einst ließen sich die Idisen nieder, setzten sich hierhin und dorthin. Einige fesselten die Feinde, andere behinderten das feindliche Heer, wieder andere lösten die Fesseln der Freunde: löse dich aus den Fesseln der Feinde, entflieh den Feinden.

Trierer Gebet gegen lahmende Pferde aus dem 10. Jahrhundert

Christus und der heilige Stephan kamen in die Stadt Salonia. Dort wurde das Pferd des heiligen Stephan von einer Krankheit befallen. Ebenso wie Christus das Pferd des heiligen Stephan heilte, so laß mich auch dieses Pferde mit Christi Hilfe heilen. O, Christus, befreie um deiner Gnade willen dieses Pferd von seiner Krankheit oder vom Lahmen, so wie du das Pferd des Heilgen Stephan in Salonia geheilt hast!

Während die Trierer Beschwörungsformel schon ins christliche Gedankengut übertragen wurde, spiegelt der erste Merseburger Zauberspruch heidnische Vorstellungen wieder. Die *Idisen* waren Matronen und zählten damit zu den germanischen Muttergottheiten, von denen der römische Schriftsteller Tacitus sagte: *Die Germanen glaubten sogar, den Frauen wohne etwas Heiliges und Seherisches innne; deshalb achten sie auf ihren Rat und hören auf ihren Bescheid.*

■ Die Vorstellungen von gutem und bösem Zauber waren im Volk weit verbreitet. Obwohl sich die Kirche anfangs gegen die magischen Praktiken stellte, wurden diese auch mit der Christianisierung keineswegs ausgerottet.

■ Waren es zunächst sowohl Männer als auch Frauen, denen man magische Fähigkeiten zutraute, so standen auf dem Höhepunkt des Wahns vor allem Frauen im Verdacht der Zauberei.

Heidnischer Heilszauber und später christliche Segenssprüche sollten helfen, Krankheiten abzuwenden wie zum Beispiel die Beschwörung gegen lahmende Pferde oder Feinde zu überwinden wie der erste Merseburger Zauberspruch.

Wie kam die gängige Vorstellung von der bösartigen Hexe auf, die sich hartnäckig bis in die Neuzeit hinein gehalten hat?

■ Das deutsche Wort Hexe ist ein Sammelbegriff und konnte ganz unterschiedliche Bedeutung haben.

Von der Kräuterfrau zur Teufelsdienerin

Der Begriff *Hexe* für die Frauen, die während der Zeit von etwa 1400 bis weit ins 18. Jahrhundert hinein verfolgt wurden, stammt ursprünglich aus dem Altgermanischen. Die ältesten Belege sind in althochdeutschen Glossen aus dem 9. und 10. Jahrhundert zu finden und sprechen von *hagazussa*. Damit ist ein weiblicher Dämon gemeint, ein Zaungeist. Eine ähnliche Vorstellung verbindet sich mit dem nordischen *tunridha,* der Zaunreiterin. Dahinter steckt der Glaube, die Hexe könne mit Hilfe eines Steckens durch die Lüfte reiten. Aus *hagazussa, hagatisse* oder *hazessa* wurde im 15. Jahrhundert schließlich *Hexe,* ein Begriff, der zunächst in der deutschen Schweiz verwendet wurde und schließlich im gesamten deutschen Sprachgebiet all die Frauen bezeichnete, die mit ihren Zauberkräften anderen Schaden zufügten.

hagazussa (althochdeutsch: weiblicher Zaungeist)
hegetisse (flämisch: Dämon)
hexse (mittelhochdeutsch)
Hexe
tunridha (altnordisch: Zaunreiterin)
zunrite (oberdeutsch: Zaunreiterin)
magicienne (französisch: Zauberin)
sorcière (französisch: Hexe)
stregha (italienisch: weiblicher Dämon)
stregone (italienisch: Hexenmeister)
erberia (italienisch: Kräuterfrau)
wicca (altenglisch: weise Frau)
witch (englisch: Hexe)
lamia (lateinisch: weiblicher Dämon)
strix (lateinisch: weiblicher Dämon, Hexe)
striga (lateinisch: weiblicher Dämon, Hexe)
malefica (lateinisch: Schadenszauberin)

■ Hexen waren in der Lage, anderen Menschen mit Magie zu schaden und sie sogar zu töten.

Die Hexe stand immer in Verbindung mit schwarzer, unheilbringender Magie. Angeblich nutzte sie ihre übernatürlichen Fähigkeiten, um Mensch und Tier Schaden anzuhexen. Durch Berührung, Anblasen oder den sogenannten bösen Blick konnte sie großes Unheil auslösen, Krankheiten verursachen, ja sogar den Tod bringen. Der Fluch aus dem Mund einer Hexe bedeutete unweigerlich eine Katastrophe. Für diese bösartigen Taten kennt das Lateinische den Begriff *maleficia*. Und mit genau diesem Wort bezeichnen die gelehrten, in lateinischer Sprache abgefaßten Traktate der frühen Neuzeit die Hexen.

Dazu paßt die volkstümliche Vorstellung vom Aussehen der Hexe. Welch abscheulichen Züge die Hexe darin hatte zeigt diese Beschreibung aus der Sammlung der Sagen und Mythen Tirols:

20

> *Ihr Anlitz ist fahl, die Augen liegen tief drinnen. Wenn sie weinen, haben sie keine Tränen; je röter und aufgeschwollener die Augen einer Hexe sind, um so mehr ist sie zu fürchten. Ihr Leib ist schlapp und welk, ein schlotterndes Beingerippe; denn sie wurden zu häufig vom Teufel geritten. Ihre Haare sind zerzaust, wurzelig, unausgekämmt und ekelhaft anzusehen. An den Armen haben die Hexen dunkle Flecken, das sind Spuren der Griffe des Teufels oder der bösen Geister bei ihren Tänzen und nächtlichen Gelagen; am sichersten erkennt man sie an dem Bock- oder Geißfuß, welcher ihnen rückwärts ‚am Kreuz‘ eingebrannt ist. Dieses ist ‚des Teufels Siegel‘, welches er ihnen mit dem Hintern aufdrückt und soviel bedeutet als: er drückt aufs Kreuz der Hölle Zeichen, oder: obgleich durch das heilige Kreuz die Seele erlöset wurde, hat der Fürst der Finsternis sie wieder gewonnen – es ist die Verhöhnung des heiligen Kreuzes.*

Im Volk war der Glaube weit verbreitet, daß die Hexe einen Pakt mit dem Teufel schloß, um übernatürliche Fähigkeiten zu erlangen. Der Geschlechtsverkehr mit dem Satan und die Verehrung des Teufels anstelle des christlichen Gottes standen dabei im Mittelpunkt. In einer Gesellschaft, in der sich alles um die christliche Religion drehte und in der niemand die Existenz des Satans anzweifelte, war die Verbindung mit dem Teufel das denkbar schlimmste Verbrechen. Zum ersten Mal tauchen die Vorstellungen von Teufelspakt und Satanskult im 4. Jahrhundert auf.

■ Die katholische Kirche bemühte sich, die heidnischen Vorstellungen auszurotten.

Im Kampf gegen die alten Kulte konnte die Kirche auf die weltliche Macht vertrauen

Während der Spätantike mußte sich das Christentum gegen eine Vielzahl konkurrierender Religionen und Sekten durchsetzen. Da gab es neben römischen und altägyptischen Göttern bei den Germanen, Kelten und Slawen eine Reihe von heimischen Haupt- und Nebengöttern. Außerdem waren Bäume, Quellen und Steine beliebte Kultstätten. *Wer an Quellen, Bäumen oder in Hainen ein Gelübde tut oder etwas nach altväterlicher Weise darbringt und den Götzen zu Ehre speist, muß 60 Schillinge zahlen, wenn er ein Edelmann ist, 30, wenn er ein Freier und 15, wenn er ein Lite (Leibeigener) ist.* Das sahen die Dekrete Karls des Großen aus dem 8. Jahrhundert vor. Hier half nur eine klare Abgrenzung von heidnischen Vorstellungen und die konsequente Bekämpfung des Aberglaubens. Dies war das erklärte Ziel der Kirchenlehrer und christlichen Missionare vor allem in den ersten Jahrhunderten. Sie ver-

teufelten rundweg alle heidnischen Götter und stellten deren Verehrung unter Strafe. *Wo immer in Sachsen christliche Kirchen gebaut und Gott geweiht werden, sollen diese keine geringere Ehre haben, sondern eine größere und höhere als die Heiligtümer der Götzen hatten,* legte Karl der Große 785 in seinen Bestimmungen über die Sachsen, die er erst kurz zuvor in blutiger Schlacht besiegt hatte, fest. Die Missionierung war in dem Fall auch ein Mittel der Disziplinierung. Die Opferung von Menschen wurde verboten und rigoros bestraft. *Wenn jemand einen Menschen dem Teufel opfert und nach heidnischer Sitte den bösen Geistern als Opfer darbringt, der soll des Todes sterben.*

Alle heidnischen Götter wurden von den christlichen Missionaren zu Dämonen erklärt und ihre Verehrung unter Strafe gestellt. Doch die Gesetzestexte machen auch deutlich, daß unter der dünnen Oberfläche der Christianisierung die alten, volkstümlichen Vorstellungen weiterlebten. Immer wieder stieß man auf Menschen, die angeblich ein Bündnis mit Dämonen eingingen, um in den Besitz besonderer Macht zu gelangen. Zeichen hierfür waren Zauberamulette und andere magische Gegenstände, die sie bei sich trugen.

Der Pakt mit dem Teufel verlieh den Menschen magische Kraft

Der Glaube an eine intensive Beziehung zwischen Menschen und Geistern ist uralt. Den Gedanken, daß sie auch eine geschlechtliche Verbindung eingehen können, entwickelte der in Nordafrika und Italien lebende Kirchenlehrer Augustinus (354–430). Er vertrat nachdrücklich die Auffassung, daß jede Art von Zauberei und abergläubischer Handlung auf einen

---

Bonifatius fällte die Donareiche

Bonifatius wurde um 670 im angelsächsischen Königreich Wessex geboren und auf den Namen Winfried getauft. Er trat dem Benediktinerorden bei und wirkte seit 716 als Missionar in Friesland. Der Papst verlieh ihm daraufhin den Namen Bonifatius (Wohltäter). Da ihm die notwendige Unterstützung fehlte, kehrte der Mönch nach England zurück, allerdings nur für kurze Zeit. Ab 718 verbreitete er den christlichen Glauben zunächst in Friesland, dann in Hessen. Hier waren die heidnischen Vorstellungen noch tief verwurzelt. Um die Stärke seines Gottes zu demonstrieren, fällte Bonifatius in Geismar beim heutigen Fritzlar eine Eiche, die dem Gott Donar geweiht war. Als das Volk sah, daß die Götter den christlichen Missionar nicht straften, ließen sich viele von ihnen taufen. Anstelle des heiligen Baumes errichtete Bonifatius eine Kirche zu Ehren des heiligen Petrus.

■ Augustinus Lehre vom Dämonenpakt wurde von den Kirchenlehrern aufgenommen und verbreitet. Sie hatte später großen Einfluß auf die Hexenverfolgung.

Pakt mit den Dämonen schließen lasse. War anfangs noch ganz allgemein von heidnischen Göttern als Dämonen die Rede, so bekämpfte man später ganz konkret den Teufel als den eigentlichen Gegenspieler des christlichen Gottes.

Der Teufel zeigte sich gerne in verschiedenen Gestalten, um die Menschen zu verführen. Und für ihn gab es eine Reihe von Namen: Er war der Satan, der Widersacher Gottes, der abgefallene und gestürzte Unglücksengel Luzifer, der mit Gottes Einverständnis die Menschen in Versuchung führen durfte. Er hieß Belial oder Gottseibeiuns. In manchen Gegenden nannte man ihn auch Junker, Beelzebub oder Beelzebock. Letzeres ist sicherlich entstanden in Anlehnung an die volkstümliche Vorstellung vom Teufel, der in Gestalt eines Ziegenbocks auftritt.

Die typischen Teufelsmerkmale, die auch seine Verkleidung nicht vollständig überdecken konnte, waren Bocks- oder Pferdefüße, Hörner und ein Schwanz. In Verbindung mit christlichen Heiligen erhielt der Teufel häufig die Gestalt einer Schlange oder eines Drachens. Seine Verwandlungskunst kannte kaum Grenzen, und im Zuge der Hexenverfolgung bekam er zunehmend menschliche Gestalt. Als Jäger und Pilger führte er die Menschen vom rechten Weg ab, und als attraktiver Kavalier zog er vor allem Frauen in seinen Bann.

Es gab während des gesamten Mittelalters und der frühen Neuzeit in der Kirche aufgeklärte Theologen, die den Glauben an Zauberei und Magie bekämpften. So wandte sich zum Beispiel Regino, Abt der ehrwürdigen Benediktinerabtei Prüm in der Eifel, zu Beginn des 10. Jahrhunderts unter anderem gegen die überlieferte Vorstellung vom Hexenflug. *Verbrecherische Weiber, durch satanische Einflüsterung verführt, glauben und geben an, daß sie nächtlicher Weile mit der Göttin Diana oder der Herodias auf gewissen Tieren reitend, über weite Strecken Landes dahinfliegen und der Diana als*

■ Die volkstümlichen Vorstellungen haben ihre Wurzeln in der antiken Mythologie.

24

ihrer Herrin gehorchen. In dem sogenannten Kanon Episcopi, einer Sammlung von Vorschriften und Konzilsbeschlüssen, ermahnte Regino die Bischöfe eindringlich, diese Auswüchse der Phantasie zu bekämpfen.

In der traditionellen Überlieferung waren die Legenden, die sich um berühmt-berüchtigte Frauengestalten rankten, eng mit Hexerei verbunden. Wilde Geschichten kreisten um die römische Göttin Diana, die als Herrin über den Wald und seine Tiere herrschte oder Medeia, von der bekannt war, daß sie sich schrecklich rächte, als ihr Gatte sie verstieß und sich nach einer Jüngeren umsah. Über sie schrieb Ovid in seinen Metamorphosen: *Erschüttert bewegt sich die heulende Erde. Der Toten Schatten steiget aus zerspaltenen Gräbern. Ich sah die Hexe fliegend mit nächtlichen Schatten herumirren. Federn bedeckten den runzelnden Körper.* Der Mythos der verzauberten Frau, die nachts als Begleiterin der düsteren Göttin durch die Luft fliegt, hat antike Tradition und lebte im germanischen Kulturgut weiter. Diesen heidnischen Unsinn sollten die Bischöfe bekämpfen, so wollten es Regino und andere Kirchenlehrer. Bis zum 11. Jahrhundert bestanden die Strafen meistens in Kirchenbußen, fielen also noch relativ milde aus.

Die Idee vom Bündnis mit dem Teufel hielt sich hartnäckig in den Köpfen des Volkes und einiger Gelehrter. An der Verbreitung und Zuspitzung der Idee ist einer maßgeblich beteiligt, der berühmte Theologe Thomas von Aquin (1225–1274). Im Hochmittelalter griff der Kirchenlehrer die 900 Jahre alte augustinische Vorstellung wieder auf und verschärfte sie. Jede aber-

Die Gefährten des Bösen

Im Volksglauben konnten Tiere, die mit den Menschen unter einem Dach wohnten, die Funktion von Schutzgeistern oder Dämonen ausüben. Sie warnten vor drohendem Unheil oder beschworen es herauf. Ständige Begleiter der Hexen waren Raben und Eulen, Frösche, Kröten und Katzen. Kröten galten als verwandelte menschliche Gestalten und Geister. Sie konnten Dämonen, Nixen, Prinzessinnen und Arme Seelen verkörpern. Kröten waren Schutzgeister, die in Kellern oder Brunnen lebten und täglich gefüttert wurden. Sie konnten das Haus vor Krankheit schützen. Man glaubte aber auch, daß sie giftig waren und Gift verspritzten. Krötenblut war schädlich. Man benutzte es für Liebeszauber. Krötenfett ließ Feinde erblinden, und die Haut half gegen Rheumatismus. Legte man ein Krötenherz auf das eines Schlafenden, so mußte dieser alle Geheimnisse preisgeben.
Ebenso geachtet und gefürchtet waren Raben, Katzen und Eulen, die in vielen antiken Religionen als heilige Tiere verehrt wurden. Die Eule konnte angeblich einen Fluch abwehren. Sie war gefürchtet, denn ihr Ruf kündigte den Tod an. Es kam vor, daß sich die Anklage nicht nur auf die Hexe sondern auch auf ihre Haustiere bezog. Man warf den Tieren vor, an magischen Handlungen mitgewirkt zu haben und machte auch ihnen den Prozeß. Meist wurden die Haustiere zusammen mit den Hexen verbrannt.

■ Thomas von Aquin war einer der einflußreichsten Theologen des Mittelalters. Seine Ideen von Zauberern und Hexen als Diener des Teufels hatten verhängnisvolle Wirkung.

gläubische Handlung verurteilte er als teuflisch. Der Teufel, so erklärte er, könnte verschiedene Gestalten annehmen, darunter auch die menschliche, und mit Gottes Einverständnis auf der Erde wirken. Er war das personifizierte Böse. Er konnte einen Bund mit den Menschen eingehen und Geschlechtsverkehr mit ihnen haben, allerdings keine Nachkommen zeugen. Thomas von Aquin gilt bis heute als eine der einflußreichsten Autoritäten der abendländischen Kulturgeschichte, und seine Berühmtheit hatte fatale Folgen für die Hexenprozesse. Aus dem heidnischen Aberglauben war auf einmal eine Bedrohung für das ganze christliche Abendland geworden. Und genauso, nämlich als eine unheimliche und stets gegenwärtige Bedrohung empfanden Inquisitoren, Richter und Henker den Teufel und seine Dienerinnen, die Hexen.

Mādragora Capitulum

Indrago
Die mei ſtichen das
ſelbe dogent mit
vmb kſchriſſe ich
wan als du geho
ptel fur diſſem.

alrun·Fraw ·ccclviij·

ra muſter ſatine·
ſter ſpreſſen gemeſ
diſ alt run haſt du
der erſten vnd das
nit meen das von
ret haiſt in dem eas

Ketzer
und Hexen

Die Hinrichtung der Kanzlersgattin Katharina Haan fand auf dem Höhepunkt der Bamberger Hexenverfolgungen statt. Ihr Mann, der Kanzler Dr. Georg Haan wurde im Dezember 1627 unter fadenscheinigen Vorwänden festgenommen. Im gleichen Monat verhafteten die Hexenjäger seine Ehefrau und die 24jährige Tochter. Beim ersten *gütlichen* Verhör wies Katharina Haan noch alle Vorwürfe energisch von sich. *Recht frisch und schnatterhaft mit Reden sei sie, so als sei sie zornig,* notierte der Gerichtsschreiber.

Als das erste Verhör kein Geständnis brachte, begannen die Folterknechte mit ihrer grausigen Arbeit. Sie legten der Frau die Daumenschrauben und Beinschrauben an, d.h. sie quetschten die Gliedmaßen so lange, bis sie

schließlich zersplitterten. Unter unsäglichen Schmerzen rief Katharina aus, sie wollte gerne sterben. Jesus sollte ihr helfen! Ihr würde ein großes Unrecht geschehen! Trotz der Marter blieb sie standhaft. Erst nach weiteren stundenlangen Folterqualen, gab die Kanzlersgattin zu, vor 25 Jahren vom Teufel verführt worden zu sein. Der Höllenfürst hatte einen grünen Anzug an, schreckliche Geißfüße und haarige Hände. Gemeinsam mit dem teuflischen Liebhaber war sie in einer Kutsche zu verschiedenen Hexenversammlungen geflogen, wo sie aßen, tanzten und Orgien feierten.

Unglaublich klingt, was die Frau weiter berichtete. Bei einem der Hexentreffen hätte sie ein *Mannsbein* ausgegraben und daraus *Schmier*, also Hexensalbe gemacht. Mit dieser Salbe hätte sie Unwetter heraufbeschworen, um die Ernte zu vernichten. Außerdem hatte sie zusammen mit ihren *Gespielinnen* aus einem toten Kleinkind *Schmier* gemacht und damit die Feldfrüchte erfrieren lassen.

Eines der schwersten Verbrechen, die die katholische Kirche kannte, war die Hostienschändung. Auf die geweihte Hostie war der Teufel ganz versessen, und die hatte er auch von Katharina Haan verlangt. Und als wäre all dies nicht genug, beschuldigte sie der Hexenkommissar auch noch, ihren Sohn Georg Adam zur Hexerei verführt zu haben. Die Mutter versuchte zwar, ihr Kind zu schützen, aber die Inquisitoren quälten die Frau so lange, bis sie schließlich zugab, auch ihren Sohn dem bösen Feind geopfert zu haben. Als der Junge gerade zwei Jahre alt war, hatte der Buhlteufel die beiden in ihrer Kammer besucht und ihn mit den Worten *Du bist mein, solange du lebst*, berührt. Später war Georg Adam vom Teufel in weiblicher Gestalt verführt worden. Und was das Verbrechen noch schändlicher machte, er hatte den Akt rektal vollzogen. Das Geständnis muß die Frau fast um den Verstand gebracht haben, denn sie wußte, daß sie damit auch ihren Sohn auslieferte.

Am 19. Januar 1628 wurde das Todesurteil über die angebliche Hexe gesprochen. Aber nicht nur Katharina Haan mußte sterben. Innerhalb weniger

Monate verbrannte die ganze Familie auf dem Scheiterhaufen. Der Kanzler des Hochstifts Bamberg, Dr. Georg Haan, seine Frau, seine Töchter Katharina und Ursula Maria fielen der Hexenjagd ebenso zum Opfer wie der Sohn Dr. Georg Adam und dessen Ehefrau Ursula. Die meisten Wissenschaftler vertreten die Ansicht, daß Neid und Mißgunst von Nachbarn und Kollegen die ganze Familie auf den Scheiterhaufen brachte. War es möglich, daß private Streitigkeiten derartige Folgen haben konnten?

Auf dem Höhepunkt des Wahns verbrannten Männer, Frauen, Greise und Kinder, reiche und hochgeachtete Bürger ebenso wie arme Alte und Bettler.

Die ersten Vorwürfe richteten sich gegen Ketzer, die sogenannten Katharer

Wie hatte die Verfolgung der Hexen und Zauberer begonnen? Der Vorwurf der Zauberei bzw. Hexerei wurde zum ersten Mal gegen die Mitglieder einer christlichen Sekte ausgesprochen, die Katharer. Während des Hochmittelalters gab es in vielen Teilen Europas eine Reihe von religiösen Bewegungen, denen die römische Kirche zu korrupt und unglaubwürdig geworden war. Sie strebten eine konsequentere Nachfolge Christi an. Nach dem Vorbild der ersten Apostel wollten sie in Armut leben und den Menschen das Evangelium nahebringen. Die Kirche selbst betrachtete diese Minderheiten mit großem Argwohn und verfolgte ihre Aktivitäten mit Mißtrauen, da sie den katholischen Klerus heftig angriffen und seine Autorität in Frage stellten. Meist waren die Sekten allerdings kurzlebig und blieben ohne großen Enfluß.

■ Die Katharer, die sich seit dem 12. Jahrhundert vor allem in Südfrankreich ausbreiteten, wurden zu einer ernsthaften Bedrohung der katholischen Kirche.

Anders verhielt es sich mit den Katharern, einer Bewegung, die im 12. Jahrhundert zunächst in Italien, dann in Südfrankreich Fuß faßte und schließlich in ganz Mitteleuropa Anhänger fand. Der Name stammt vermutlich aus dem Griechischen, ihre Mitglieder nannten sich selbst die *Reinen*. Aus allen gesellschaftlichen Schichten strömten Menschen der Bewe-

gung zu. Männer wie Frauen, landlose Bauern, Handwerker und reiche Adlige waren gleichermaßen fasziniert von der Lehre wie von der Lebensweise der Katharer. Großen Rückhalt fanden sie am Hofe des Grafen Raimund von Toulouse, der über weite Teile Südfrankreichs herrschte. Und in dieser Region nannten sie sich *Albigenser* nach der Stadt Albi.

Die Katharer oder Albigenser gingen von zwei entgegengesetzten Prinzipien aus, die die Welt beherrschten. Die unsichtbare Welt hatte der gute Gott geschaffen, die sichtbare, irdische dagegen der Satan, der das Böse verkörperte. Entsprechend war alles Irdische Teufelswerk. Enthaltsamkeit hieß das oberste Gebot. Durch Einhaltung strenger Vorschriften durften die Gläubigen auf Erlösung hoffen. Für die Amtskirche waren die Katharer insofern eine große Bedrohung, da sie für sich in Anspruch nahmen, die Wahrheit im Evangelium gefunden zu haben und sie predigten diese Wahrheit auch, ohne groß um Erlaubnis nachzufragen. Das aber konnte Rom nicht dulden. Denn in ihren flammenden Reden sparten die Prediger nicht mit Kritik gegenüber dem katholischen Klerus. Und häufig trafen sie damit ins Schwarze. Viele Geistliche gaben mit ihrer aufwendigen Lebensweise und mangelnden Ehrfurcht vor Gott und den Menschen genug Anlaß zu Kritik. Die Katharer ihrerseits überzeugten, gerade weil sie lebten, was sie verkündeten.

Der wachsende Erfolg der Bewegung zeigte deutlich die Krise, in der die Kirche steckte und stellte sie vor ein ernsthaftes Problem. Wie sollte sie mit diesen Leuten verfahren? Lange Zeit gab es keine einheitliche Regelung, und für die Untersuchung und eventuelle Bestrafung war zunächst der jeweilige Ortsbischof zuständig. Doch war offensichtlich, daß die Bischöfe allein das Problem nicht in Griff bekommen würden. Als die Bewegung immer mehr Anhänger fand und zu einer unaufhaltsamen Bedrohung für die Kirche wurde, entschloß sich Papst Gregor IX. (1227 – 1241) im Jahre 1227 persönliche Abgeordnete einzusetzen, die die Ketzer aufspüren und überführen sollten. Die päpstlichen Legaten stellten eine Art Kontrollinstanz dar, die in Konkurrenz zu den bischöflichen Institutionen vor Ort nach Häretikern Ausschau hielt.

Wie sehr die Kirche sich in ihrer Existenz bedroht sah, erkennt man auch daran, daß der Begriff *Ketzer* von *Katharer* abgeleitet wurde. Mit dem Wort Ketzer verteufelte Rom alle Sekten und Sonderlinge, die vom rechten und das hieß, vom katholischen Glauben abwichen, und ihre Irrtümer eigensinnig verteidigten. Die Kirche störte vor allem die Hartnäckigkeit, mit der sie an ihren Ansichten festhielten. Alle gutwilligen und reumütigen Anhänger der Armutsbewegung, so beschlossen die Päpste, sollten wieder in die Kirche eingegliedert werden. Gegen diejenigen aber, die in ihrem Irrglauben beharrten, wollten sie mit aller Strenge vorgehen. Und da die Katharer voller Überzeugung an ihren Glaubensvorstellungen festhielten, hatten sie bald den Ruf weg, unbelehrbare Ketzer zu sein. Papst Innozenz III. (1198–1216) schuf hier eine klare Unterscheidung zwischen den verirrten gutgläubigen Christen und den gefährlichen Ketzern, gegen die es keine Milde geben durfte. In einem offenen Brief an alle geistlichen und weltlichen Herrscher der betroffenen Regionen und an die Bevölkerung ermahnte der Papst die Gläubigen, gegen die Ketzer, die Waldenser, Katharer und Patariner ganz ernsthaft einzuschreiten. Das waren deutliche Worte, die keine Zweifel offen ließen. Kurz darauf sollte es zu einem blutigen Glaubenskrieg kommen.

In Südfrankreich, in dem Gebiet mit dem Namen Provence hatten sich die Katharer am stärksten organisiert. Die Region umfaßte ein viel größeres

---

Die Ketzer – vorbildlich oder verdammt?

Um 1270 beschrieb ein Chronist die von Rom verfolgten Katharer und Waldenser: *Man erkennt sie an ihren Sitten und ihren Reden. Sie sind maßvoll und bescheiden in ihrem Auftreten, und in ihrer Kleidung, deren Stoff weder schlecht noch wiederum teuer zu sein pflegt, vermeiden sie jede Pracht. In weltliche Angelegenheiten mischen sie sich nicht ein, um nicht lügen, schwören oder täuschen zu müssen. Sie leben von ihrer Hände Arbeit wie Arbeiter. Ihre Meister pflegen Weber oder Seifensieder zu sein. Sie häufen keine Reichtümer an und begnügen sich mit wenigem. Mit Gebeten beschäftigen sie sich nicht allzu sehr. Sie gehen in die Kirchen, nehmen an Gottesdiensten teil, beichten, kommunizieren und hören die Predigt an, und dies alles bloß deshalb, um sich in der Überzeugung zu bestärken, daß die Prediger irren.*

■ Der 20 Jahre dauernden Albigenserkrieg (1209 – 1229) kostete Tausende von Ketzern das Leben.

Gebiet als die heutige Provence und grenzte sich sprachlich und kulturell vom Norden Frankreichs ab. Sie unterstand auch nicht dem französischen König, sondern wurde von mehr oder weniger selbstständigen Herrschern regiert, deren einflußreichster Graf Raimund von Toulouse war. Auf die im 13. Jahrhundert wirtschaftlich wie kulturell hochentwickelte Region blickte ganz Europa. Auf den Ritterburgen und in den Fürstenschlössern pflegte man Dichtkunst, Musik und Lebensart. Hier entstanden die ersten Minnelieder der Troubadoure, hier erfreute man sich an ritterlichen Turnieren. Ebenso offen und empfänglich wie für kulturelle Einflüsse waren Adel und Bürger auch für religiöse Neuerungen. Bei den einflußreichen provenzalischen Familien fanden die Katherer große Unterstützung. Und vor allen Dingen gab es unter den vornehmen, gebildeten Frauen viele, die mit ihren Ideen sympathisierten.

Für die Kirche war die Gefahr hier am größten. Sie sah ihren Einfluß schwinden, ihre Autorität war in Gefahr. Zusammen mit der geistlichen entschloß sich die weltliche Macht, gegen die Sekte vorzugehen. Das französische Königshaus, das erst einen Teil des Landes unter seine Herrschaft gebracht hatte, und seine Macht weiter ausdehnen wollte, blickte mit großem Begehren auf die Graftschaft Toulouse. Da lieferte die Ketzerverfolgung ein passendes Alibi zur rechten Zeit.

Wie bei den Kreuzzügen ins Heilige Land riefen auch in dem Fall Papst und König zusammen mit den großen Orden zum Kampf gegen die Ketzer auf. In dem Schreiben, das der Papst an alle Gläubigen in Frankreich richtete, versprach er den Kreuzfahrern die Besitztümer der Ketzer und einen Ablaß für ihre Sünden. Das war Ansporn genug. Im Namen Gottes setzte ein großes Morden ein. Mit ungeheurer Grausamkeit gingen die von Rom gesandten Heere gegen jeden vor, der sich ihnen in den Weg stellte, egal ob Katholik oder Ketzer. Sogar in den Kirchen wurden Menschen niedergemetzelt. *Schlagt sie alle tot, der Herr wird die Seinigen* (gemeint waren die

Katholiken) *schon erkennen,* hieß es. Das ließ sich die Meute nicht zweimal sagen. Sie stürmte Burgen und verwüstete ganze Städte, in denen sie Ketzer vermutete. Da diese sich sowohl in ihrer Kleidung wie mit ihrem Verhalten offen zu erkennen gaben, war es nicht schwierig, sie aufzuspüren. Im Juli 1209 stürmten die Kreuzfahrer die Städte Beziers und Carcassonne. Ein Au-

genzeuge berichtete, es wären beinahe alle, vom Jüngsten bis zum Ältesten abgeschlachtet worden, *und in der Kirche der heiligen Magdalena allein 7000 getötet worden. Kinder, Greise, Junge, Priester und Frauen* wurden *alle ohne Unterschied ermordet.* Das grausige Morden blieb nicht ohne Wirkung. Die Katharer flohen aus den großen Städten in einsame Bergregionen. Und die meisten, die ihnen noch vor kurzem bereitwillig Zuflucht gewährt hatte, schlossen aus Angst vor dem christlichen Heer ihre Tore.

Als die Burg Lavaur nach längerer Belagerung 1211 in die Hände der Kreuzfahrer fiel, wurde zuerst die Schloßherrin in einen Brunnen geworfen und getötet, weil sie Albigenserin war. Danach trieben die Ritter alle noch lebenden Ketzer zusammen und verbrannten sie im Burghof, und zwar *mit ungeheurer Freude,* wie ein Chronist berichtete. Die christlichen Ritter, die in den zeitgenössischen Berichten auch Pilger hießen, veranstalteten das grauenvolle Strafgericht in vollem Bewußtsein, für eine gute Sache zu kämpfen. Sie waren überzeugt davon, daß man die Häretiker, die sich nicht mehr bekehren lassen wollten, ausrotten mußte, bevor sie noch mehr Menschen ins Unglück rissen.

Natürlich gab es unter den Rittern auch solche, denen der Feldzug einen willkommenen Anlaß für eigene Eroberungen bot. Dazu gehörte der Heerführer Graf Simon de Montfort, der ebenso berühmt wie berüchtigt für seine Grausamkeit war. Als er bei der Belagerung der Stadt Toulouse im Juni 1218 starb, konnte der Krieg immer noch nicht abgeschlossen werden, sondern zog sich über weitere Jahre hin. Mit dem Ende des Albigenserkreuzuges 1229 waren die Katharer und die ihnen verwandten Sekten allerdings nicht ausgerottet. Sie zogen sich vielmehr in abgelegene Bergregionen zurück oder schlossen sich zusammen und verkrochen sich in Burgen oder Städten, die ihnen Schutz anboten.

Die Gefahr für die Kirche war also keineswegs gebannt. Vielmehr setzte Rom jetzt alles daran, die noch lebenden Ketzer aufzuspüren und mit

■ Wegen des Verdachts der Zauberei stehen Ketzer erstmals in Südfrankreich vor Gericht.

Stumpf und Stil auszurotten. Papst Innozenz III. legte die Verfolgung in die Hände der Bettelorden. Vor allem die glaubenseifrigen Dominikaner, die *domini canes,* die wachsamen und treuen *Hunde Gottes* wie sie genannt wurden, leiteten eine Vielzahl der Ketzerprozesse in die Wege.

Auf Betreiben des Dominikaners Bernhard von Caux standen im Sommer 1245 in dem kleinen Ort Les Mas Saintes-Puelles eine Reihe von Männern und Frauen vor Gericht. Les Mas Saintes-Puelles war eine kleine Stadt, die heute im südfranzösischen Departement Aude zwischen Toulouse und Carcassone liegt. Im 13. Jahrhundert galt sie als eine Hochburg der

Katharer. Im Verlauf des Jahres 1245 wurden insgesamt 425 Personen verhört, das waren fast alle Bewohner der Stadt. Am 3. Juli stand auch eine Magierin vor dem Richter. Man beschuldigte sie, Kleider und Schuhe ihrer Nachbarn und anderer Bürger auf deren Bitten hin verzaubert zu haben, um sie von Krankheiten zu heilen. Außerdem warf man ihr vor, zusammen mit einer anderen Zauberin Blei gegossen zu haben, um damit Dämonen und Geister herbeizurufen. Es handelte sich bei dem Vergehen nicht um Schadenszauber, sondern um nutzbringende, weiße Magie. Für die Ankläger blieb das allerdings ohne Bedeutung. Entscheidend für das Strafverfahren war allein, daß die Frau einen Bund mit dem Teufel geschlossen hatte, um magische Kräfte zu erlangen.

Wie mit ihr verfahren wurde – ob sie freigesprochen oder zum Tode verurteilt und verbrannt wurde – darüber schweigen die Gerichtsakten.

Dieser Prozeß gegen die Magierin in dem kleinen südfranzösischen Dorf blieb ein Einzelfall während des Hochmittelalters. Im 13. Jahrhundert stellte der Verdacht auf Zauberei noch die Ausnahme dar. Die Anschuldigungen, die die Ketzer trafen, bezogen sich vielmehr auf die Leugnung des wahren Glaubens. Erst später festigte sich der Zusammenhang zwischen Ketzerei und Hexerei.

Die Inquisition brachte Tausenden den Tod

Die Ankläger bedienten sich allerdings schon eines Verfahrens, das auch später bei der Hexenverfolgung eine große

Die Inquisition

Der Begriff Inquisition leitet sich ab vom lateinischen *inquirere:* aufspüren, untersuchen.

Alle Ketzer und Häretiker sollten aufgespürt und bestraft werden. Dazu hatte bereits Papst Innozenz III. die Bischöfe am Ende des 12. Jahrhunderts aufgerufen. Seine Nachfolger verschärften diese Prozeßform weiter. Auf der Synode von Toulouse, die im Jahre 1229 stattfand, wurden die wichtigsten Punkte festgehalten:

- Alle Bischöfe mußten schwören, nach Ketzern zu suchen.
- Jeder Gläubige war verpflichtet, Ketzer anzuzeigen.
- Die weltlichen Herren sollten die Wohnstätten der Ketzer zerstören.
- Wer nicht mindesten dreimal im Jahr beichtete, war der Ketzerei verdächtig.

Die Untersuchungsbehörde unterstand dem Papst, die Inquisitoren genossen eine rechtliche Sonderstellung. Vom Papst wurden sie ernannt und nur von ihm konnten sie zur Rechenschaft gezogen werden. Das Inquisitionsverfahren lief immer nach dem gleichen Schema ab: Die Gläubigen wurden aufgefordert, Häretiker anzuzeigen, bzw. diese sollten sich selbst stellen. Damit leiteten die Hexenjäger eine Untersuchung ein, an deren Ende die Bestrafung der Schuldigen stand. Blieb den Angeklagten anfangs noch die Möglichkeit der Verteidigung, so fiel diese später ganz weg. Folgenschwer war der Erlaß Innozenz IV. aus dem Jahre 1352, in dem er die Folter als Mittel der Beweisführung genehmigte.

■ Für die Ketzerverfolgung hatte die Kirche ein ebenso wirkungsvolles wie grausames Instrument, die Inquisition.

Rolle spielen sollte: Der Inquisition. Im Zuge der längst fälligen Reformen hatte Papst Innozenz III. am Ende des 12. Jahrhunderts die Voraussetzungen für diese Art des Prozeßverfahrens mit fatalen Folgen für Tausende von Menschen geschaffen. Bis dahin konnte ein Angeklagter nur dann verurteilt werden, wenn er gestanden hatte oder durch zwei unabhängige Zeugenaussagen überführt worden war. Das Inquisitionsverfahren konnte den Angeklagten mit Hilfe der Folter zum Geständnis zwingen. Hatte er einmal gestanden, waren keine weiteren Beweise notwendig, um ihn schuldig zu sprechen. Ein Verteidiger war nicht zugelassen, und Anklage konnte allein aufgrund von Anschuldigungen erhoben werden. Damit war der Verleumdung, Niedertracht und jeglichen Rachegefühlen Tür und Tor geöffnet. Absurde Anschuldigungen, denen jede Grundlage fehlte, konnten auf einmal offen geäußert werden, ohne daß der Denunziant mit einer Verleumdungsklage rechnen mußte. Die Rechtssprechung nahm einen verhängnisvollen Lauf.

Der Papst legte die Verfolgung der Ketzer in die Hände eines Inquisitors.

Seine Aufgabe war es, die Ketzerei zu zerstören. Und das konnte nur dann geschehen, wenn *die Ketzer und ihre Begünstiger ausgerottet* würden. Die Inquisitoren gehörten meist einem der großen Predigerorden an, d.h. sie waren entweder Franziskaner oder noch häufiger Dominikaner. Sie sollten die Häretiker aufspüren und vor Gericht bringen. Die Inquisitoren selbst genossen eine unantastbare Stellung. Die weltlichen Gerichte durften die von ihnen verhängten Urteile und Strafen nicht mehr in Zweifel ziehen. Die staatlichen Institutionen waren angehalten, die Urteile zu vollstrecken. So wurde das

Todesurteil von den Geistlichen verhängt und der weltliche Arm führte die Strafe aus. Geistliche und weltliche Macht arbeiteten Hand in Hand.

Wie kam es eigentlich zum Vorwurf der Zauberei bzw. Hexerei gegen die Ketzer? 1275 standen in Toulouse mehrere Personen vor Gericht, alle unter dem Verdacht der Ketzerei. Unter ihnen war auch die 56 Jahre alte Angela von Labarthe, eine angesehene und geachtete Frau. Angeblich sollte sie Umgang mit dem Teufel haben. Im Verlauf des Verhörs wurde die Frau von dem Inquisitor, einem Dominikaner namens Hugo von Boniols, so sehr in die Enge getrieben und mit Fragen manipuliert, daß sie schließlich zugab, schon seit vielen Jahren eine sexuelle Beziehung zu einem bösen Dämon zu haben. Sie gestand, daß aus diesem Verhältnis ein Monster gezeugt worden sei, halb Wolf und halb Schlange, das kleine Kinder fressen würde. Diese Kinder raubte die Frau auf ihren nächtlichen Streifzügen. Sie und die anderen Angeklagten gaben zu, nachts regelmäßig die dämonischen Versammlungen besucht zu haben. Was dort im einzelnen geschah, kam bei den Verhören nicht heraus. Aber jedem, der den Prozeß mitverfolgte, war klar, daß

die Ketzer so ungeheuerliche und verabscheuungswürdige Verbrechen begangen hatten, daß nur das Todesurteil in Frage kam. Angela von Labarthe wurde zusammen mit den anderen schuldig gesprochen und mitten auf dem Stephansplatz in Toulouse verbrannt.

Die Anklage, wie sie hier gegen Ende des 12. Jahrhunderts formuliert wurde, enthielt schon im wesentlichen die Punkte, die den Hexen auch später, auf dem Höhepunkt ihrer Verfolgung, immer wieder zum Vorwurf gemacht wurden: die Verehrung des Teufels, die sogenannte Teufelsbuhlschaft, also der Geschlechtsverkehr mit dem Teufel, die Tötung von Kleinkindern, nächtliche Streifzüge durch die Luft, und die Teilnahme am Hexensabbat.

All diese Anschuldigungen hören sich für heutige Ohren unglaublich an. Waren es reine Hirngespinste oder beruhten sie auf realem Hintergrund?

Die Zeitgenossen hatten nur vage Vorstellungen von dem Zusammenleben und den religiösen Zeremonien der Katharer. Bekannt war lediglich, daß Männer und Frauen gemeinsam unter einem Dach lebten und in diesen Häusern ihre kultischen Handlungen vollzogen. Je weniger man von dem geheimnisvollen Tun wußte, um so wilder wucherte die Phantasie.

Einen Eindruck von den Vorstellungen, die viele Zeitgenossen von dem Treiben der Ketzer hatten, vermittelt ein Brief Papst Gregors IX. (1227 – 1241) aus dem Jahre 1233. In dem Fall richtete sich die Anklage gegen eine Reihe von Bauern aus Steding, im Bistum Bremen. Die Stedinger hatten bereits geraume Zeit Streitigkeiten mit ihrem Bischof wegen des Jagdrechts und der Abgaben, die sie entrichten sollten. Als wieder einmal Zahltag war, kassierten die bischöflichen Gesandten statt des geforderten Zehnten nur Schläge. Das war Ketzerei in den Augen des Bischofs. Er wandte sich an Rom und erhielt von dort die Erlaubnis, gegen die ungehorsamen Untertanen vorzugehen. Über 30 Jahre lang kämpften im Norden Deutschlands Bischöfe und ihre Anhänger gegen die Stedinger. Es schien unmöglich, die rebellischen Untertanen zu besiegen. Daher bat Erzbischof Gerhard 1231 in Rom um Unterstützung. Papst Gregor ergriff die willkommene Gelegenheit und predigte den Kreuzzug gegen die Stedinger. Gegen ein mächtiges Heer von 40.000 Soldaten waren die Stedinger machtlos. 1233 gaben sie sich entgültig geschlagen. Wer den Krieg überlebt hatte, versprach dem Bischof Gehorsam. Wieder einmal hatte Rom unter dem Vorwand der Ketzerei ungehorsame Gläubige bestraft.

Es war unerheblich, ob die Ketzer im Süden Frankreichs oder im Norden Deutschlands gemeint waren, die Anschuldigungen lauteten immer gleich. Die folgenden sind sie dem besagten päpstlichen Schreiben entnommen:

> *Wenn ein Neuling aufgenommen wird und zuerst in die Schule der Verworfenen eintritt, so erscheint ihm eine Art Frosch, den auch manche Kröte nennen. Einige geben derselben einen schmachwürdigen Kuß auf den Hintern, andere auf das Maul und ziehen die Zunge und den Speichel des Tieres in ihren Mund. Wenn nun der Noviz weitergeht, so begegnet ihm ein Mann von wunderbarer Blässe, mit ganz schwarzen Augen, so abgezehrt und mager, daß alles Fleisch geschwunden und nur noch die Haut um die Knochen zu hängen scheint. Diesen küßt der Noviz und fühlt, daß er kalt wie Eis ist, und nach dem Kusse schwindet alle Erinnerung an den katholischen Glauben bis auf die letzte Spur aus seinem Herzen. Hierauf setzt man sich zum Mahle, und wenn man sich wieder erhebt, so erscheint ein schwarzer Kater von der Größe ein Hundes mit rückwärts gebogenem Schwanz. Danach werden die Lichter gelöscht und man schreitet zu der abscheulichsten Unzucht ohne*

43

Rücksicht auf Verwandtschaft. Findet sich nun, daß mehr Männer als Weiber zugegen sind, so befriedigen auch Männer mit Männern ihre schändliche und widernatürliche Lust. Ebenso verwandeln auch Weiber durch solche Begehungen miteinander den natürlichen Geschlechtsverkehr in Sodomiterei.

Die Ansichten in der historischen Forschung, wie man diese Ungeheuerlichkeiten zu bewerten hat, gehen an dieser Stelle auseinander. Ein Teil meint, die Bräuche erinnern an antike Mysterienkulte. Vor allem die Einweihungsriten könnten aus der religiösen Kultur Kleinasiens überliefert worden sein. Auch für die Vorstellung der sexuellen Orgien gibt es konkrete Anhaltspunkte. Da die Katharer Ehe wie Fortpflanzung ablehnten, aber den freien Geschlechtsverkehr befürworteten und auch unter Verwandten praktizierten, konnte leicht der Eindruck entstehen, sie gäben sich sexueller Ausschweifung hin. Die so gezeugten Kinder kämen als Mißgeburten zur Welt und würden getötet, meinten die Zeitgenossen, denen das Tun der Katharer äußerst verdächtig erschien.

Mit seiner kompromißlosen Ketzerjagd machte sich der Inquisitor Konrad von Marburg im deutschsprachigen Raum einen Namen.

Wer ihm in die Hände fiel, dem blieb nur die Wahl, entweder freiwillig zu bekennen und sich dadurch das Leben zu retten oder seine Unschuld zu beschwören und unmittelbar darauf verbrannt zu werden. Die Rede ist von Konrad von Marburg, der als

päpstlicher Generalinquisitor für seine ebenso grausamen wie erfolgreichen Methoden bei der Ketzerverfolgung im ganzen deutschsprachigen Raum berühmt und berüchtigt war. Papst Gregor IX. hatte den Beichtvater und Lehrer der Gräfin Elisabeth von Thüringen 1227 zum Generalinquisitor ernannt. Damit lag die Leitung der Ketzerverfolgung in seinen Händen. Im Auftrag des Papstes sollte er *eifrig nach allen fahnden, die von der Ketzerei angesteckt sind. Damit das Unkraut aus dem Weinberg des Herrn ausgerottet wird.* Und zunächst suchte Konrad mit voller Unterstützung der ortsansässigen Bischöfe nach Teufelsjüngern und -dienerinnen unter dem Volk. Seine Jagd begann im Elsaß und griff bald auf die benachbarten Bistümer Mainz und Trier über. Bei der Wahl seiner Mittel war Konrad nicht zimperlich. War eine Person einmal denunziert, und der Prozeß wollte nicht recht in Gang kommen, dann half er mit der sogenannten Eisenprobe nach. Dabei wurde dem Beschuldigten ein glühendes Eisenstück auf die Handfläche gelegt. Die Brandspuren stellten zwar kein ausdrückliches Teufelszeichen dar, sie waren aber äußerst verdächtig und ließen den Prozeßbeginn auch dann zu, wenn der Denunzierte weiterhin seine Unschuld beteuerte. Ein vollständiges Geständnis konnte später unter der Folter erpreßt werden.

In einem Schreiben an den Papst berichtete Konrad ausführlich über das Treiben der Teufelsjünger. Statt Christus beteten sie den Satan an, der ihnen in Gestalt einer schwarzen Katze erschien. Sie verhöhnten den katholischen Glauben und feierten sexuelle Orgien. Mit genau den gleichen Anschuldigungen klagte man wenig später die Hexen an.

Konrads religiöser Eifer überschritt jedes Maß, und seine Gewinnsucht ebenfalls. Das Vermögen der zum Tode Verurteilten und Verbrannten teilte er sich mit den weltlichen Behörden. Auf deren Unterstützung durfte er also in jedem Fall hoffen. Anders war das bei den Bischöfen. Sie registrierten mit Schrecken, daß viele unschuldige Menschen durch grausame Foltermethoden zu unglaublichen Geständnissen gezwungen wurden. Da waren ehrbare Bürger angeklagt, nachts durch die Luft zu fliegen, den Teufel in Gestalt einer Kröte oder eines Ungeheuers mit einem obszönen Kuß zu verehren und sich wilden Orgien hinzugeben. Da die angeblichen Ketzer immer wieder gezwungen wurden, Komplizen zu denunzieren, zog die Verfolgung weite Kreise. In den Bistümern, in denen Konrad mit seinen Gehilfen auftauchte, herrschte Angst und Schrecken. Keiner war mehr sicher, am nächsten Tag nicht in Ketten fortgeführt zu werden. Der Mainzer Bischof, der dem Treiben schließlich eine Ende setzen wollte, beschwerte sich daher beim Papst als dem direkten Vorgesetzten des Inquisitors über dessen unzumutbares Vorgehen:

„Jedem falschen Zeugnis wird geglaubt, rechtliche Verteidigung ist niemandem gestattet. Daher ließen viele Katholische sich lieber um des Leugnens willen unschuldig verbrennen, als daß sie so schändliche Verbrechen auf sich genommen hätten. Die Schwächeren, um mit dem Leben davonzukommen, logen auf sich selbst und jeden beliebigen anderen, besonders Vornehme, deren Namen Konrad ihnen als verdächtig einredete.

Gewalt und Gewinnsucht sollten Konrad selbst zum Verhängnis werden. 1233 ließen die Bürger ihrem Zorn freien Lauf und erschlugen den Peiniger auf dem Feld außerhalb der Stadtmauern. Papst Gregor reagierte äußerst betroffen. Für ihn war Konrads Tod *ein Donnerschlag, der das Heiligtum der Christenheit erschütterte.* Er fand keine Worte, *stark genug, um die himmlischen Tugenden und Verdienste des Märtyrers gebührend zu würdigen.* Doch alle anderen, Bischöfe wie Bürger, waren froh, den Peiniger endlich los zu sein. Die Mörder sprach das Gericht frei. Mit dem Tode des Generalinquisitors fand die Verfolgungswelle in Deutschland ein vorläufiges Ende. Anders war die Situation in den Alpenländern, wo die Waldenser seit dem 13. Jahrhundert in die Fußstapfen der an Bedeutung verlierenden Katharer getreten waren.

Die Waldenser waren Teil der religiösen Erneuerungsbewegung

Um 1180 sammelte der reiche Kaufmann Peter Waldes aus Lyon eine Schar Anhänger um sich. Sie hießen die *Armen von Lyon* oder nach ihrem Gründer *Waldenser*. Es war kein Zufall, daß sich gerade im 12. und 13. Jahrhundert immer mehr Menschen in ganz Europa zu religiösen Bewegungen zusammenschlossen. Die Suche nach dem Sinn des Lebens beschäftigte damals viele Menschen. Eine religiöse Aufbruchstimmung prägte die Zeit. In der Lehre unterschieden sich die Waldenser von den Katharern, in ihrer Kritik an der Amtskirche nicht. Wie die Katharer und andere Sekten zogen sie

durchs Land. Sie versuchten ihren Glauben zu leben, indem sie auf jeden Besitz verzichteten, als Prediger Gottes Gebote weitergaben und christliche Nächstenliebe übten. Ihren Höhepunkt hatte die Bewegung schon hinter sich, als es im 15. Jahrhundert in der nordfranzösischen

■ Ebenso wie die Katharer standen auch die Waldenser im Verdacht Ketzer zu sein.

Bischofsstadt Arras zu einer Verfolgungswelle kam, die Stadt und Bewohner 30 Jahre lang in Atem hielt.

Als Demiselle aus Douai im Jahre 1459 vor Gericht gezerrt wurde, konnte allerdings noch niemand ahnen, welches Ausmaß der Prozeß annehmen sollte. Der Dominikaner und päpstliche Inquisitor Pierre Le Broussart nutzte die Abwesenheit des Ortsbischofs, um die Frau zu verhaften und in das Gefängnis im bischöflichen Palast zu werfen. Erst kurz zuvor hatte der Einsiedler Robert de Vaux, der selbst als Ketzer auf dem Scheiterhaufen starb, Demiselle als Komplizin angezeigt. Damit war ihr Schicksal besiegelt. Die endlosen Verhöre und grausamen Foltermethoden taten ein übriges, so daß die Frau nicht nur ihre eigenen teuflischen Taten gestand, sondern darüber hinaus auch angebliche Komplizen anzeigte. Deren Namen hatten ihr die Folterknechte zuvor in den Mund gelegt. Unter ihnen war der Maler Jean Lavite, der den Beinamen *Abbè de peu de sens* trug. Es handelte sich offensichtlich um einen Geisteskranken. Das hinderte die Folterknechte nicht daran, dem Maler die Namen von weiteren angeblichen Mitschuldigen abzupressen.

Die Verhaftungswelle, die Arras überrollte, traf die einfachen Leute ebenso wie die reichen und vornehmen Kaufleute. Weder Geistliche noch Weltliche blieben verschont. Nicht nur Bürger von Arras protestierten, im ganzen Land erhoben sich Stimmen, die dem Wüten des päpstlichen Inquisitors ein Ende bereiten wollten. Dagegen setzte sich der Franziskanermönch Jean, der als Suffragan von Arras (Suffragan: ein Bischof, der innerhalb einer Kirchenprovinz einem anderen unterstellt ist) großen Einfluß auf das Geschehen hatte, für die Fortführung des Prozesses ein. Vehement vertrat er die Überzeugung, daß ein Drittel aller Christen heimlich Abtrünnige wären, die es gelte auszurotten. Auch der verblendete Richter Jacques Dubois unterstützte die Ketzerjagd nach vollen Kräften. In dieser gesellschaftlich kritischen und rechtlich unsicheren Situation wandten sich die zuständigen

Institutionen an gelehrte Theologen im benachbarten Cambrai. Sie schickten ihnen die Prozeßakten zu mit der Bitte um Stellungnahme, und diese fällten ein salomonisches Urteil. Die Angeklagten sollten, wenn sie Reue zeigten, nicht zum Tode verurteilt werden, sondern nur eine Buße ableisten.

Doch sie hatten die Rechnung ohne die Inquisitoren und Richter gemacht, die die Ketzer nicht so ungeschoren davon kommen ließen. Der gefürchtete Pierre Le Broussart nahm die Prozeßführung selbst in die Hand und bestimmte den weiteren Verlauf. Die Gerichtsverhandlung, die im Frühjahr 1460 stattfand, war öffentlich. Die Angeklagten waren den neugierigen Blicken und frechen Kommentaren der Arraser schutzlos ausgeliefert. Man hatte sie auf ein hohes Gerüst gestellt und ihnen Bischofsmützen, die die Anbetung des Teufels zeigten, auf den Kopf gesetzt. Vor den Augen der aufgeputschten Menschenmenge verlas der Inquisitor die Anklageschrift. Er beschuldigte sie der „Waldenserei" und beschrieb das Verbrechen in allen Einzelheiten: Auf Stöcken ritten die Männer und Frauen zum Hexensabbat, speisten dort und verehrten den Teufel, der in Gestalt eines Ziegenbocks, eines Hundes oder Affen oder auch als Mensch erschien. Sie beteten ihn an, küßten ihn auf den Hintern und verhöhnten dabei den christlichen Glauben. Der Teufel ermahnte sie auf diesen Gelagen, weder die Messe zu besuchen, noch zu beichten oder sich mit Weihwasser zu besprengen. Im Anschluß an die Teufelspredigt gaben sich alle einer sexuellen Orgie

hin. Sie hatten sowohl untereinander wie mit dem Teufel selbst Geschlechtsverkehr und trieben dabei die obszönsten Dinge.

Der Inquisitor berichtete weiter, daß die Hexen dort auch die Salbe zubereiteten, mit der sie durch die Luft fliegen konnten. Dazu benötigten sie eine Kröte, die zuvor geweihte Hostien gefressen hatte, außerdem die zermahlenen Knochen eines Gehängten, das Blut kleiner Kinder und weitere Zauberkräuter.

■ **Der Vorwurf der Ketzerei und der Hexerei vermischten sich zunehmend.**

Nachdem der Inquisitor die dämonischen Vorgänge auf dem Hexensabbat beschrieben hatte, fragte er jeden Einzelnen, ob dies wahr wäre. Die Angeklagten bestätigten die Richtigkeit und wurden daraufhin mit der Zustimmung aller Anwesenden, die die Greueltaten voller Abscheu angehört hatten, zum Tode verurteilt. Doch anstatt das Urteil reuevoll anzunehmen, wehrten sich die Verurteilten verzweifelt. Sie wären schamlos hintergangen worden!

Man hätte ihnen eine milde Strafe versprochen, wenn sie gestehen würden, und das Todesurteil für den Fall, daß sie leugneten. Sie wüßten überhaupt nichts vom Hexensabbat! Aber ihr Protest ging in den lodernden Flammen des Scheiterhaufens unter. Sechs Angeklagte, darunter auch Demiselle und Jean Lavite, wurden vor den Augen des Volkes verbrannt.

Damit war die Jagd noch nicht zu Ende. Bald darauf griff das Hexenfieber auf die Bürger der im Nordosten gelegenen Bischofsstadt Amiens über. Die

Chronisten berichten, daß auch dort die Anklage auf „Waldenserei" lautete. Was war damit gemeint?

Das Sonderverbrechen „Waldenserei" hatte seinen Ursprung in Frankreich

Der Begriff Waldenserei umfaßte das ganze Verbrechen der Häresie, der Zauberei und Hexerei. Darunter fielen Verachtung und Leugnung des christlichen Glaubens, wie die Kirche ihn lehrte, und die Hinwendung zu einer teuflischen Irrlehre. Die Waldenserei schloß die Teilnahme am

■ Die Verfolgung in Arras zog weite Kreise. Unter den Beschuldigten befanden sich viele Reiche und Adlige.

Hexensabbat mit ein. Das Gelage hatte in den überlieferten Quellen auch den Namen „Vauderie". Die Hexer und Hexen hießen häufig „Vaudoises". In der Forschung herrscht die Ansicht vor, daß sich diese Bezeichnungen von dem Sektennamen Waldenser ableiteten. Einige Historiker meinen, daß die Begriffe auch auf den Schweizer Kanton Waadt am Genfer See zurückgehen könnten, dem „pays de vaud", wie es im Volksmund hieß, in dem die Waldenser großen Zulauf hatten.

Die der Vauderie oder Waldenserei angeklagten Bürger von Amiens hatten mehr Glück als die sogenannten Waldenser von Arras. Der Bischof von Amiens ließ sie unverzüglich frei und erklärte, die Vorwürfe wären völlig aus der Luft gegriffen. Ganz entschieden versicherte er, daß er diesen Unsinn auch

in Zukunft nicht glauben würde. Damit war den Anschuldigungen für alle weiteren Verfolgungen in Amiens der Boden entzogen. Dort ließ sich bis auf weiteres kein Inquisitor mehr blicken.

Anders als in Amiens fehlte den Ketzern in Arras der einflußreiche Fürsprecher. Hier hatte die Hexenjagd noch kein Ende gefunden. In den folgenden Monaten wurden weitere Männer und Frauen verhaftet, darunter auch einige schwerreiche Kaufleute. Drei Männer und fünf Frauen starben unter Beteuerung ihrer Unschuld auf dem Scheiterhaufen. Andere, die ein Geständnis ablegten, kamen mit einer Kerkerstrafe davon.

Der Vorwurf der Häresie traf auch den reichen Payen de Beaufort. Er bekannte sich schuldig und kam mit dem Leben davon. Allerdings wurde er von dem Inquisitor öffentlich gegeißelt, mußte an verschiedene Kirchen eine hohe Geldstrafe zahlen und hatte überdies eine siebenjährige Gefängnisstrafe abzusitzen.

Payen de Beaufort konnte sich glücklich schätzen, daß er mit dem Leben davon gekommen war. Andere, ebenfalls sehr reiche Bürger und vornehme Adlige, die die absurden Anschuldigungen empört von sich wiesen, wurden als hartnäckige Ketzer verbrannt.

Die Anklage lautete immer ähnlich: Man warf den Männern und Frauen vor, den christlichen Glauben zu verleugnen, Schadenszauber an Haus und Hof vorgenommen zu haben, Kleinkinder getötet und wilde Orgien auf dem Hexensabbat gefeiert zu haben.

Vor allem die begüterten Kaufleute und Adligen traf der Vorwurf der Häresie und Hexerei. Und das nicht ohne Grund. Denn ihr Vermögen wurde konfisziert und zwischen den beteiligten geistlichen und weltlichen Behörden aufgeteilt. Selbst wenn die Beschuldigten schließlich freigelassen oder – was selten genug vorkam – letzten Endes freigesprochen wurden, mußten sie alle die Kosten für Verpflegung und Unterbringung der Inquisitoren übernehmen und ihnen überdies eine hohe Gebühr zahlen. Eine Anschuldigung und der folgende Prozeß waren also nicht nur mit dem Verlust des Ansehens verbunden, sondern auch mit ungeheuren Kosten.

Die Familie des adligen Payen de Beaufort wollte sich indes nicht zufrieden geben mit dem Ausgang des Arraser Prozesses. Sie nutzte ihren ganzen Einfluß, um die Anklage vor das Parlament von Paris zu bringen, wo das Verfahren im Jahre 1461 wiederaufgenommen wurde. Hier, vor den unparteiischen Richtern und Geschworenen der Hauptstadt kamen die unerhörten juristischen Methoden des fanatischen Inquisitors und seiner Helfer zum ersten Mal offen zur Sprache. Durch hinterhältige Versprechungen, die nicht eingelöst wurden, Erpressungen, subtile Verhöre und unmenschliche Folter waren den Angeklagten Geständnisse abgerungen worden, die sie freiwillig nie gemacht hätten. Die noch laufenden Prozesse wurden sofort gestoppt. Den unschuldig Verurteilten und Verbrannten widerfuhr aber erst 30 Jahre später Gerechtigkeit. 1491 stellte das Pariser Parlament in einem ausdrücklichen Beschluß nachträglich die Ehre der als Ketzer verbrannten Personen wieder her und erlegte den zuständigen weltlichen und

---

Wie teuer war der Tod?

Für ihre eigene Verbrennung auf dem Scheiterhaufen mußten vier Ketzer im Jahre 1323 im südfranzösischen Carcassonne folgende Rechnung bezahlen:

Für dickes Holz	55 Sols	6 Denare
Für Rebenholz	21 Sols	3 Denare
Für Stroh	2 Sols	6 Denare
Für vier Pfähle	10 Sols	9 Denare
Für Stricke zum Festbinden	4 Sols	7 Denare
Für die Henker je 20 Sols	80 Sols	

Summa:	8 Livres	14 Sols	7 Denare

geistlichen Institutionen eine hohe Geldstrafe auf, mit der Messen für die Opfer gelesen werden konnten. Das Urteil wurde öffentlich vor dem Volk von Arras vorgelesen und der Tag der Rehabilitierung zum Feiertag erklärt.

Zu dieser Zeit konnte der gemeinsame Protest von Bischöfen und weltlichen Behörden gegen einige wenige fanatische Inquisitoren und Richter die Verfolgungswelle in Nordfrankreich noch stoppen. Doch zeichnete sich bereits ab, daß die Hexenjagd ein neues extremeres Stadium erreichen würde. Der Mythos von Ketzerei und Hexerei zog immer mehr Menschen in ihren Bann und die Angst vor dem Unbekannten breitete sich über die Landesgrenzen aus. Immer häufiger wurde der Vorwurf der Hexerei laut und immer schneller war man mit Anschuldigungen zur Hand.

Großen Anteil daran hatte die Gesetzgebung des greisen Papstes Johannes XXII. (1316 – 1334) zu Beginn des 14. Jahrhunderts. Der überaus abergläubische Papst hatte schon zu Beginn seiner Amtszeit den Bischof seiner südfranzösischen Heimatstadt Cahors verbrennen lassen, weil er sich von ihm verhext glaubte. Er verschärfte die Gesetze zur Ketzerverfolgung und verurteilte jede Form von Zauberei und Magie mit besonderer Härte.

Im Denken der Menschen festigte sich der Zusammenhang zwischen Ketzerei und Hexerei. Die Vorstellungen, die von Ketzerversammlungen umhergeisterten, ließen sich ebensogut auf die Hexen übertragen. Ketzerei und schwarze Magie verschmolzen immer mehr. Und so wurde ein neues Verbrechen geschaffen, das an Boshaftigkeit alles bisher Bekannte übertraf.

Die Ketzerverfolgung, die zunächst ein rein kirchliches Problem darstellte, weitete sich auf den weltlichen Bereich aus und erreichte im Hexenwahn ungeahnte, vielleicht auch ungewollte Dimensionen.

Die verbrecherischen Taten

■ Wie lautete die Anklage?
Welche Vergehen warf man
den Hexen vor?

Am 21. März 1631, einem Freitag, verhaftete man in dem westfälischen Dorf Siddinghausen Elisabeth Tutke, genannt Lisa, und brachte sie in das Gefängnis auf Burg Ringelstein. Dort warteten zwei schon geständige Hexen auf sie, die die Frau in einer Gegenüberstellung als angebliche Komplizin entlarvten. Unter den Qualen der Folter gestand Lisa, daß sie jahrelang als Hexe ihr Unwesen getrieben hätte. Die Kunst der Zauberei, die ihr ihr Vater Engelbert beigebracht hätte, beherrschte sie seit ihrer Kindheit. Sie hätte Gott abgeschworen und sich dem Teufel verschrieben. Daraufhin wäre ein junger Mann in schwarzen Kleidern erschienen, der sich Hans Federwisch genannt hätte. Er schenkte ihr einen Reichstaler, der sich allerdings in Pferdedreck verwandelte, als sie ihn in ihren Beutel steckte. Der anschließende Beischlaf mit dem Teufel besiegelte den Bund.

Die Angeklagte schilderte beim Verhör, wie sie Menschen und Tiere aus Rachsucht vergiftet hätte. So gestand sie beispielsweise, einem Bauern innerhalb von mehreren Jahrzehnten drei Pferde mit *schwarzem Kraut* vergiftet zu haben, weil dieser das Feld nicht pflügen wollte, wie er es ursprünglich mit ihr abgesprochen hatte. Aus ebenso niederen Motiven hatte sie einen Bekannten mit Namen Heinrich Schmidt vor neun oder zehn Jahren durch vergiftetes Bier getötet, und ihren Schwiegersohn Heinrich hatte sie nach einem Streit mit ihrer Tochter durch den Verlust einer Kuh bestraft. Sie gab zu, mehrfach an den nächtlichen Zusammenkünften teilgenommen zu haben. Eingecremt mit einer Salbe, die ihr ihr teuflischer Geliebter Hans Federwisch überlassen hätte und die sie unter ihrem Bett aufbewahrte, könnte sie sich durch die Lüfte schwingen. Jeden Donnerstag um Mitternacht wäre sie zum Hexentanz auf den Tanzplatz geflogen. Sie selbst hätte bei den Treffen nur das Licht gehalten, während die anderen Hexen zu den Rhythmen einer gläsernen Trommel tanzten. Es war verständlich, daß die Henkersknechte die Namen weiterer Hexen wissen wollten, und so zeige die Frau unter dem Druck der Folter zwei Komplizinnen an. Doch damit gaben sich die Inquisitoren noch nicht zufrieden und folterten die Frau am nächsten Tag erneut mit eisernen Schrauben, die ihre Gliedmaßen zerquetschten. Eine Nadelprobe erbrachte außerdem den Beweis ihrer Zugehörigkeit zu der satanischen Sekte. Lisa war mit dem Teufelsmal gekennzeichnet, stellten die Ankläger fest. Denn bei Einstichen mit einer Nadel fühlte die von Schmerzen gepeinigte Frau an einer bestimmten Körperstelle nichts mehr, und das war Beweis genug.

Am 27. März, nur sechs Tage nach ihrer Verhaftung, wurde Elisabeth Tutken zusammen mit acht weiteren Frauen und einem Mann, die wegen ähnlicher Verbrechen zum Tode verurteilt waren, hingerichtet.

Die Elemente der Hexenlehre

Hexe oder Hexerei sind Sammelbegriffe aus dem 15. Jahrhundert. Vorher kannten die Menschen viele verschiedene Worte, hinter denen ganz unterschiedliche Vorstellungen standen. Hexen hatten angeblich die Fähigkeit, den Menschen Unheil zu bringen oder sie ganz zu zerstören. Die Hexerei stand immer in Verbindung mit dem Satanskult. In der Hexenlehre vermischten sich Elemente des Aberglaubens mit Vorstellungen der christlichen Dämonologie und der Ketzerinquisition.

Seit dem frühen Mittelalter lehrten Theologen, daß Zauberei im Prinzip möglich wäre, aber nicht aus eigener Kraft, sondern nur in Verbindung mit einer dämonischen Macht, dem späteren Teufel des Christentums.

Während es in den Anfängen deutliche Unterschiede zwischen Ketzerei auf der einen und Zauberei auf der anderen Seite gab, vermischten sich die Begriffe im Zuge der Ketzerverfolgungen des 14. und 15. Jahrhunderts und waren schließlich austauschbar. Ketzer, Hexen und Zauberer wurden ein und derselben Verbrechen beschuldigt. Quellen aus dieser Zeit nennen

■ Die Hauptanklagepunkte gegen die Hexen waren: Teufelspakt und Buhlschaft, Hexenflug und Teilnahme am Hexensabbat, sowie Schadenszauber.

Katherer und Waldenser auch Teufelsdiener und bezeichnen umgekehrt die Hexen als Ketzer. Diese Vorstellungen verdichteten sich zu einer regelrechten Dämonologie mit einer gefährlichen Eigendynamik, die schließlich zu den großen Verfolgungen führte. Denn das Hexenwesen war ein Ausnahmeverbrechen *(crimen exceptum)* und übertraf an Widerwärtigkeit alle anderen Vergehen. Daher mußte es mit besonderer Grausamkeit verfolgt werden.

Einzelne Elemente der Hexenlehre, wie beispielsweise die Schadenszauberei, waren seit der Antike bekannt. Hinzu kamen Hexenflug, Teufelspakt und -buhlschaft sowie die Teilnahme am Hexensabbat, die an die Ketzerversammlungen erinnert. Zusammen bildeten sie die wichtigsten Aspekte der Hexenlehre.

Teufelspakt und Teufesbuhlschaft waren feste Bestandteile der Anklage

Das erzwungene Geständnis der unglücklichen Frau enthielt im wesentlichen die Anklagepunkte, die den angeblichen Hexen immer wieder zum Vorwurf gemacht wurden. Sie hatten dem christlichen Gott und der katholischen Lehre abgeschworen und sich ganz dem Teufel verschrieben. Dieser Teufelspakt wurde mit dem Beischlaf besiegelt. Bei dem dämonischen Geschlechtsverkehr konnte es sich natürlich nicht um eine lustvolle Liebesnacht handeln. Es war ein *kalt Werk*, wie Lisa Tutken zugab. Auch andere Frauen gestanden unter der Folter, das Glied wäre von *eisiger Kälte* gewesen, der Akt selbst derb und roh. Phantasie und Eitelkeit ließen nicht zu, daß die sexuelle Vereinigung mit dem Teufel

anders als sadistisch und grausam war. Daher war nicht verwunderlich, daß die Resultate dieser Vereinigung als grauenhafte Ungeheuer oder Mißgeburten zur Welt kamen.

Der Teufel konnte in weiblicher Gestalt Männer verführen, was man als *succubus* bezeichnete. Sehr viel häufiger näherte er sich als attraktiver Mann den leichter verführbaren und darum schwachen Frauen, was man als *incubus* bezeichnete.

Nach der sexuellen Vereinigung war der Pakt unauflöslich. Er glich einem Ehebund und konnte zusätzlich mit Blut besiegelt werden. Als Zeichen der Zugehörigkeit zur satanischen Sekte drückte der Teufel seinem Opfer ein Zeichen an irgendeiner Körperstelle auf. Das sogenannte Teufelsmal war die Stelle, an der die Hexe keine Empfindungen mehr spürte. Der Teufel kratzte es mit seinem Fuß ein, er biß, schlug oder trat sein Opfer. Die Stigmatisierung war also ebenso wie die geschlechtliche Vereinigung eine schmerzhafte Prozedur. Im Untersuchungsverfahren galt das Teufelszeichen als untrügliches Zeichen für die Zugehörigkeit zum „Hexenclan".

Typisch für den Prozeß um Elisabeth Tutken war auch, daß sich das Geldgeschenk in Pferdekot verwandelte, sobald die Fau es in ihren Beutel steckte. Der Teufel log und betrog. Er hielt keins sei-

■ Der Schaden, den die Hexen verursachten, richtete sich gegen Mensch und Tier.

Zauberei endete nicht immmer tödlich

Auszug aus der Bambergischen Halsgerichtsordnung von 1508:
Straff der zauberei.
Item so jemant den leuten durch zauberei schaden oder nachteil zufügt, sol man straffen vom leben zum tod, und man sol söliche straaff gleich der ketzerei mit dem fewer thun. Wo aber jemant zauberei gebraucht und domit niemant keinen schaden gethan hette, sol sunst gestrafft werden nach gelegenheit der sach.

ner Versprechen, verlangte aber von seinen Gefolgsleuten unbedingten Gehorsam. Seine Jünger und Dienerinnen waren ihm mit Leib und Seele verfallen und zu jeder Schandtat bereit. Bei der Ausführung ihrer Rachegedanken konnten sie sich der satanischen Hilfe sicher sein. Denn ein Ziel des Teufelspaktes war das Erlernen der Schadenszauberei. Das üble Treiben sollte zunächst den Hexen und letztendlich dem Teufel zu größerer Macht in der Welt verhelfen. Die Hexen stellten gewissermaßen eine höllische Terrortruppe dar.

Durch Schadenszauber verursachten die Hexen Mißernten und persönliche Schicksalsschläge

Eine Gesellschaft, in der die Landwirtschaft für den weitaus größten Teil der Bevölkerung die Existenzgrundlage darstellte, mußte auf jede Veränderung des Wetters mit Besorgnis und Unsicherheit reagieren. Wenn ein Gewitter zur Unzeit, eine lange Regen- oder Dürreperiode die gesamte Ernte vernichten konnte, dann wird verständlich, weshalb die Menschen äußerst empfindlich und abergläubisch reagierten. Sie stürzten sich auf die naheliegenste Erklärung und witterten hinter einem natürlichen Ereignis teuflisches Treiben. Jeder menschliche Schicksalsschlag, vom Milchdiebstahl bis zum Kindstod, ging auf das Konto der Hexen.

Am 15. April 1630 berichtete Johann Christian von Bengenöe an den zuständigen Bischof über das Verhör der angeklagten Anna Eysenpein:

> **Als wir heute mit der Eysenpeinin das Examen angefangen, hat gleich danach die Kuh meines Kastners Blut gegeben, was acht Tage lang gedauert. Einer weiteren ist das Blut in die Euter geschossen, so daß man bis zur gegenwärtigen Stunde nichts genießen kann. Die dritte Kuh ist dermaßen ausgemattet (ausgetrocknet), daß man ihr Kalb hat weggeben müssen. Man habe auch geistliche Sachen gebraucht und gedroht, da sie es verursacht habe, und daß sie wieder davon absehen soll, denn keine Kuh habe mehr als ein halbes Seidlein Milch gegeben. Darum soll hochfürstliche Gnaden mit der Folter befühlen.**

Die Angeklagte stand wegen Milchzaubers vor Gericht und wie die anderen wegen Schadenszauber verdächtigen Hexen erwartete sie am Ende der Tod.

Am 18. März 1609 stieg Anna Pucherin aus Winden auf den Scheiterhaufen. Unter den Qualen der Folter hatte sie zugegeben, mit dem Teufel, der ihr als attraktiver junger Mann von einer anderen Hexe vorgestellt worden war, *geschmaust, getanzt, gebuhlt, sich ihm mit Leib und Seele ergeben* zu haben. Außerdem hätte sie an den Hexentänzen teilgenommen und *während eines in Donauwörth niedergehenden Gewitters einen Ritt auf dem*

Besenstil durch die Luft gemacht und durch ihren dreimaligen Ruf das Obst in der Gegend verdorben.

Mit ihrer Hinrichtung war der Prozeß noch nicht beendet, sondern fand seine traurige Fortsetzung in der Verurteilung ihrer Tochter Agnes. Diese weigerte sich, angebliche Hexenkünste und Schadenszauber zuzugeben. Erst als man sie zwanzigmal aufgezogen hatte, d.h. sie an den Armen mit Hilfe eines Seil hochgezogen und ihr dabei gleichzeitig einen schweren Stein an die Füße gebunden hatte, so daß nach kurzer Zeit alle Glieder ausgekugelt und zerrissen waren, sagte sie, was die Folterknechte von ihr hören wollten: Sie wäre als achtjähriges Mädchen vom Teufel verführt worden, der ihr in der Gestalt eines jungen Kavaliers begegnet wäre. Sie mußte Gott abschwören und sich ganz dem Teufel verschreiben. Regelmäßig hatte sie an nächtlichen Zusammenkünften teilgenommen. Sie konnte auch die *Tanzplätze zu Kohlmühl an der Tränk und beim Streitholz* nennen. Weiter gab sie zu, acht Menschen mittels einer Zaubersalbe getötet zu haben. Und sie war darüber hinaus für den Tod vieler unschuldiger Kinder verantwortlich. Die Herzen von 30 Kindern hätte sie verspeist. Nach diesem ungeheuerlichen Geständnis war klar, daß Agnes ebenso wie ihre Mutter bei lebendigem Leib auf dem Scheiterhaufen verbrannt wurde.

Der böse Wille der Hexen richtete sich nach den Vorstellungen der von Angst gepeinigten Bevölkerung nicht nur gegen Vieh und Felder, sondern auch gegen Menschen. Sie töteten durch Gifte, verursachten Krankheit und Unfruchtbarkeit oder Impotenz. Sie bliesen die Menschen an, so daß sie lahm oder steif wurden – der gefürchtete Hexenschuß ist eine Erinnerung daran –, und wer vom bösen Blick getroffen war, konnte sich seines Lebens nicht mehr sicher sein. Die Hexen verursachten Streit unter Eheleuten und Zank in der Nachbarschaft. Vor allem auf unschuldige Kinder hatten sie es abgesehen. Sie gefährdeten die Geburt, ließen Säuglinge sterben, töteten Kleinkinder und verbrannten sie, um aus der Asche Pulver oder Salben herzustellen. Den Salbentopf bewahrten sie vorzugsweise an einem ganz persönlichen Ort in ihrer Schlafkammer auf. Eingeschmiert mit der teuflischen Salbe konnten sie sich nachts durch die Lüfte erheben und am Hexentanz teilnehmen.

Bei ihren ersten Verhören im März 1629 wies die Witwe Barbara Wolff aus Miltenberg am Main noch

energisch alle gegen sie erhobenen Vorwürfe zurück: *Ich weiß nichts, thut mit mir, was ihr wölt, hab kein Teüffel gesehen, kan nichts sagen.* Sie beteuerte: *Ich hab allezeit Gott gedient.* Doch bereits wenige Tage später legte die Frau unter den Qualen der Folter ein umfassendes Geständnis ihres angeblichen Hexentreibens ab. Sie wäre *mit der Zauberey behafftet. Wölle es sagen, unnd geduldig sterben.*

Die über 50jährige gab zu, seit ihrem 21. Lebensjahr in Teufelsnamen Schaden bewirkt zu haben. Den Satan traf sie zum ersten Mal im Beisein ihrer *Dienstfrau*, der Gattin Peter Richelbergers. Der Satan in Gestalt eines jungen attraktiven Bauersknechts namens *Hollerbüschlein* schenkte ihr einen Apfel und hatte unter einem Baum *Buhlschaft mit ihr betrieben*, aber die *Vermischung (war) kalt* und mit *Kühemist zu vergleichen gewesen.* Von da an war Barbara Wolff dem Teufel verfallen. Regelmäßig hatte sie mit ihrer Dienstfrau zusammen an nächtlichen Hexentreffen teilgenommen,

■ Auf Besen oder Stöcken ritten die Hexen zu ihren nächtlichen Versammlungen. Man stellte sich vor, daß sie dort aßen, tranken, Orgien feierten, geraubte Kinder ermordeten und den Teufel verehrten.

das letzte Mal vor etwa einem Monat, *acht Tage vor Fastnacht* auf einer nahegelegnenen Wiese. Dort taufte Hollerbüschlein sie *in Teüffels Nammen*. Als Taufpatin fungierte ihre Dienstfrau, die *Richelbergerin*. Sie hatte Gott und den Heiligen abgeschworen und sich ganz dem Teufel ergeben. Auf Drängen der anwesenden Ratsherren berichtete sie ausführlich von der Hochzeitszeremonie mit ihrem *Buhlgeist* und dem anschließenden Mahl, bei dem es reichhaltige Speisen und guten Wein in Hülle und Fülle gab, allerdings kein Brot und kein Salz. Dies ist insofern verständlich, da Salz angeblich böse Geister vertrieb, und Brot ein Symbol der Gastfreundschaft war. Beides hatte auf einem satanischen Fest natürlich keinen Platz.

Die teils bis zur Unkenntlichkeit vermummten Gäste tanzten und sprangen zu ekstatischen Musikrhythmen. Sie erhielten bei den nächtlichen Zusammenkünften auch den Auftrag, Schaden anzurichten. Barbara Wolff sollte die Kuh ihres Sohnes umbringen, doch sie gab an, stattdessen ihre eigene umgebracht zu haben. Ferner hatte ihr der Teufel ein *Häfelein geben mit gelb oder grüner Brühe*, das sie auf dem Feld ausgießen sollte, um das Korn zu verderben.

Als Gegenleistung für ihre Zauberkräfte hatte der Satan ihre Kinder von ihr gefordert, das erste, als es eineinhalb Jahre alt war. Damals hatte sich die Frau geweigert, dem Teufel ihre Tochter zu geben, zwei weitere Kinder hatte er sich geholt. Ihren ältesten Sohn fand die Frau eines Tages tot im Bett, und ihre jüngste Tochter Margarethe war ungetauft noch in der Nacht der Geburt gestorben. Nachdem das Gericht die verbrecherischen Taten noch einmal vorgelesen und Barbara Wolff ihr Geständnis bestätigt hatte, wurde die *arme Sünderin,* wie der Miltenberger Stadtschreiber die gemarterte Frau bezeichnete, am 5. April mit dem Schwert hingerichtet und anschließend verbrannt.

Besonders an den nächtlichen Zusammenkünften waren die Inquisitoren interessiert und wollten Genaueres vom Tun und Treiben der Hexen und ihres Herren wissen. Auf welche Weise huldigten sie dem Teufel? Wie lange dauerte der Tanz? Tanzten Männer und Frauen in anstößiger Weise? Und hatten sie sexuellen Verkehr untereinander? Wer waren die Spielleute und die Gäste? Barbara Wolff, die zu diesem Zeitpunkt schon wußte, daß sie aus dem Prozeß nicht mehr lebend herauskommen, sondern die Qualen der Folter durch ein Geständnis nur abkürzen konnte, antwortete so gut sie konnte entsprechend den Erwartungen des Gerichts.

Der Hexensabbat erinnerte an ketzerische Versammlungen

In den Köpfen des Volkes und einiger Gelehrter war die Vorstellung gewachsen, daß sich die Hexen nachts regelmäßig an sogenannten Tanzplätzen versammelten. Dabei konnte es sich um einzelne Hügel und Berge oder auch um ganze Gebirgszüge handeln, wie zum Beispiel der berühmte Brocken im Harz.

Hexensabbat auf dem Blocksberg

Der Blocksberg oder Prockelberg war im Volksmund der Name des höchsten Berges im Harz (1142 m), am Nordrand gelegen, westlich von Wernigerode. In der volkstümlichen Vorstellung versammelten sich hier die Hexen und zum Teil auch die Walküren, die eine enge Verbindung zu den Seelen der Verstorbenen eingingen. Vor allem die Nacht zum 1. Mai hatte in der Mythologie eine besondere Bedeutung.

In Thüringen ist wohl bekannt
Ein Berg, der Prockelberg genant
Welcher Berg, der jetzo berührt
Über sechzehn Meil gesehn wird.
Also das den ferne jedermann
In Sachsen und Hessen anschauen kann.
Dieweil er hoch und übertrifft
mit seiner Höh wie ich bericht.

All Berg im Harz und Thüringen.
Darüber er ganz hoch tut springen.
Über das ist er auch beschreit
Dieweil Nachts zu Walpurgens Zeit
In großer Zahl wie ich bericht
Die Zauberin mit ihrem Gezücht
Ingemein einen Reichstag alda halten
die jungen wie die alten.

Welche all die Teufel dahin führt
In geschwinder Eil wie jetzt berührt
Auff welchem sie mit tantzen springen
Mit saufen auch die Zeit zubringen
Mit bösen Geistern Unzucht treiben
Wie solches oft Gelehrte schreiben.
Wenn aber kommt der Hanen Geschrey
so fahren sie wieder heim ohne Scheu.

Aber auch mitten in der Stadt, in Häusern, verlassenen Kellerräumen und Gärten, auf einsamen Wiesen und Waldlichtungen trafen sich die Satansjünger angeblich. Nicht selten gab es an den bevorzugten Plätzen

■ Der Ritt auf dem Besenstil gehörte zu der Vorstellung von der Hexe.

eine Quelle oder einen Brunnen, vielleicht weil Wasser für die Teufelstaufe und die Zubereitung des Hexenmahls notwendig war.

Auf dem Besenstil war Barbara Wolff zusammen mit ihrer Dienstherrin zu der nächtlichen Versammlung durch die Luft geflogen. Die Hexe und ihr Besen – bis heute sind sie untrennbar miteinander verbunden. Wie kam es zu der Vorstellung vom Ritt auf dem Besenstil, der sich im Volksglauben so tief einprägte und in der Welt der Märchen bis heute weiterlebt? Seit alters her galt der Besen als Symbol für weibliche Tätigkeit und damit für die Frauen insgesamt. Und es waren vor allen Dingen Frauen, die auf dem Besenstil zu den mitternächtlichen Treffen flogen.

Der Besen hatte im Laufe der Zeit in vielen verschiedenen Kulturen ganz unterschiedliche Bedeutung. In der römischen Antike fegten beispielsweise die Hebammen die Türschwellen der Häuser, in denen Kinder neugeboren wurden, um so die bösen Geister zu vertreiben. In Großbritannien ist es bis in die heutige Zeit in einigen Gegenden üblich, daß Frauen zum Zeichen ihrer Abwesenheit einen Besen vor die Tür stellen. Und bei einigen Naturvölkern sprang das frischvermählte Paar vor Betreten seines neuen Heims über einen Besen.

Der Flug mit dem Besen bot darüber hinaus eine einleuchtende Erklärung für die Teilnahme an nächtlichen Treffen in weiter entfernten Gegenden, ohne daß die Familienangehörigen die Abwesenheit der Hexe bemerkten. Der Besenstil oder auch der Stock war gleichzeitig ein Phallussymbol. Er paßte bestens in eine Szenerie, in der Sexualität eine so entscheidende und negative Rolle spielte.

Jede Hexe besaß die Fähigkeit sich nachts mit dem Besen in die Lüfte zu schwingen. Das war Bestandteil des Hexenglaubens.

Der Gedanke, daß Frauen sich nachts in die Lüfte erhoben und als Begleiterinnen von dunklen Gottheiten Schaden anrichteten, hatte in vielen Kulturen Tradition. In Deutschland waren es Holda oder Perchta, die zusam-

Frau Holle

Die mythische Frauengestalt, die wir aus dem Märchen der Brüder Grimm kennen, hatte zwei Gesichter. Sie zeigte sich als gerechte Fee, die Menschen belohnte oder strafte, je nach Handlung und Charakter. Wenn es schneite, so sagte man, schüttelte Frau Holle ihre Betten aus. Die Bezeichnungen Altweibersommer, Frauenschuh oder Frauenhaar gehen möglicherweise auf die Vorstellung der sagenhaften Fee, die auch das Wetter beeinflußt, zurück. Im Grimmschen Märchen erscheint Frau Holle als schöne, weiße Frau, die am Hohen Meißner wohnt. Diese volkstümliche Erzählung war vorwiegend in Hessen und Thüringen verbreitet. In anderen Sagen hauste sie in Höhlen, im Venusberg oder dem sagenhaften Kyffhäuser. Auch in Brunnen oder Seen war sie mancherorts zu sehen. Sie brachte Fruchtbarkeit, kümmerte sich um Ackerbau und Tätigkeiten im Haus, die den Frauen vorbehalten waren. Die wilde Seite der mythischen Gestalt, die durch die Lüfte fliegt und Angst verbreitete, mitunter auch tote Kinder in ihrem Gefolge hatte, zeigt Frau Holle im Grimmschen Märchen nicht. Diese Vorstellungen sind eher mit der sagenhaften Gestalt der Bercht oder Perchta verbunden.

men mit den verführten Frauen ihr nächtliches Unwesen trieben. Im Märchen hat sie als Frau Holle bis heute überlebt. Während die mythische Märchenfigur belohnenden und strafenden Charakter hat, kannte die volkstümliche Vorstellung nur den schadenstiftenden Charakter der nachtfliegenden Frauen. Eingeschmiert mit der Flugsalbe konnten sich die Hexen durch die Luft schwingen. Um die sogenannte Schmier rankten sich viele Gerüchte. In den Verhören wurde immer wieder nach dem Geheimnis geforscht:

Von wem habt Ihr die Schmier gehabt? Wer hat sie zubereitet? Habt Ihr dabei zugesehen? Woraus wird sie hergestellt? Wozu verwendet Ihr sie? So oder ähnlich lauteten die Fragen. Die Salbe konnte verschiedene Farben und Konsistenz haben: *Wie Maienbutter – nit recht weiß noch schwarz.* Andere gaben an, sie wäre weiß, schwarz, rötlich wie Öl oder grünleuchtend. Wieder andere beschrieben sie als gelbe oder grüne Brühe.

So unwahrscheinlich das klingt, sich mit Hilfe einer Salbe in die Luft zu schwingen – heute weiß man, daß diese Flugsalben Halluzinogene enthal-

■ Angeblich bereiteten die Hexen eine Salbe zu, mit der sie sich einschmierten, und so durch die Luft fliegen konnten.

Hexenkräuter und Zauberpflanzen

Überliefertes Rezept für eine Hexensalbe

Man nimmt neunerlei Kräuter zur Herstellung der Salbe: Mondkraut, Maiträubchen (osmunda lunaria), am Montag geschnitten, Eisenkraut (Verbena officinalis), Dienstag gesammelt, Godeskraut (Mercurialis perennis), Mittwochs gepflückt, Hauslaub, Donnerbart oder Godesbart (Sempervivum tectorum), Donnerstag geholt, Liebfrauenhaar (Adianthum capillus veneris), Freitag gebrochen, Sonnenwende (Heliotropium Europaneum), Sonnabend geholt und Binsenkraut (Elfenkraut, Hysocyamux niger), Sonntags eingebracht nebst Tollkraut (Atropa belladonna) und den Sturmhut (Anconitum camarum).

Ebenso bedeutsam wie die richtigen Pflanzen waren bestimmte Rituale, die eingehalten werden mußten, damit die Kräuter ihre Wirkungen nicht verloren. Es war wichtig, mit den Pflanzen zu sprechen, bevor man sich an sie heranwagte. Eine genauso große Rolle spielten Tageszeit und Wochentag sowie das Werkzeug, mit denen die Kräuter abgeschnitten oder ausgekratzt wurden.

ten konnten, die den Menschen das Gefühl gaben, zu fliegen oder an phantastischen Erlebnissen teilzunehmen. Wissenschaftler des 20. Jahrhunderts, die nach überlieferten Rezepten Experimente am eigenen Körper vornahmen, wiesen nach, daß bestimmte auf die Haut aufgetragene Gifte Erregungen und Wahnideen hervorrufen können.

Der Aberglaube des Volkes, der sich um den Hexenflug und Hexensabbat drehte, wurde von den geistlichen wie den weltlichen Gelehrten lange Zeit bekämpft. Erst im 14. Jahrhundert griff die Kirche die Überzeugung auf, daß es tatsächlich Wesen gab, die nachts umherschweiften, bevorzugt kleine Kinder raubten und sie heimtückisch ermordeten. Bei den Theologen setzte sich der Gedanke fest, daß die nachtfahrenden Unholde menschliche Hexen waren. Auch wenn es immer wieder Stimmen gab, die vor solchen Phantasiegebilden warnten, so verschmolzen allmählich die Vorstellungen von Zauberei, Teufelsanbetung und kinderraubenden Dämonen zu einer gefährlichen, verbrecherischen Gestalt, der Hexe. Schließlich war der Hexenglaube kein volkstümlicher Wahn mehr, sondern offiziell anerkannte kirchliche Überzeugung und die Existenz der Hexe Bestandteil des christlichen Glaubens.

Es kam auch vor, daß Vertreter der Kirche die Vorstellungen der einfachen Leute für ihre eigenen belehrenden und disziplinierenden Zwecke verwendeten. So mahnte Pfarrer Ellinger in einer Predigtschrift, die 1629 in Frankfurt erschien, daß die Hexen in das Schlafzimmer der Familien eindringen würden, vor allem dann, wenn die Eltern sich und ihre Kinder vor dem Einschlafen nicht *mit dem lieben Gebett und heiligen Abendsegen wol versehen haben.* Hatten sie die Kinder einmal in ihrer Gewalt, dann saugten sie ihnen *das Blut aus den Leiberchen,* so daß *nichts als Haut und Beinerchen unnd ein Armes todten Geraffel uberbleibt, daß es zubeweinen und zuerbarmen.*

Was genau spielte sich während des Hexensabbats ab? Dieser zentrale Punkt der Anklage interessierte die Inquisitoren ganz besonders und hier hakten sie im Verhör gezielt nach. Barbara Wolff wußte wie so viele ihrer Leidensgefährtinnen in etwa, was ihre Peiniger von ihr hören wollten, aber sie konnte nicht auf alles eine Antwort geben. Die Ratsherren hatten einen umfangreichen Katalog, nach dem sie die Angeklagte ins Kreuzverhör nahmen.

> *Wann und von wem seid Ihr das erste mal zu Hexenversammlung und Tänzen mitgenommen worden, auf welche Art und wohin?*
>
> *Wann habt Ihr die teuflische Taufe empfangen, wer hat euch getauft, unter welchem Ceremonien und in welchem Namen?*
>
> *Wo wann und mit wem habt Ihr Hochzeit gehalten? Wer hat die Trauung vorgenommen, unter welchen Formalitäten, wie war der böse Geist gekleidet, habt ihr Geschenke erhalten?*
>
> *Wie ist es beim Hochzeitsmahl zugegangen, welche Speisen und Getränke gab es, war beim Essen Brot und Salz vorhanden, habt ihr auf des Teufels Wohl getrunken?*
>
> *Auf welche Weise wurde dem Teufel gehuldigt, wurde derselbe geküßt, waren unter den Gästen bevorzugte?*
>
> *Mit wem habt Ihr Buhlschaft betrieben?*
>
> *Welche Anschläge werden bei den Versammlungen gemacht, habt ihr vom Teufel den Auftrag erhalten, Böses zu tun?*

So lauteten einige der Fragen. Die Angeklagte berichtete, daß der Hochzeitstanz eineinhalb Stunden gedauert hatte. Alle Anwesenden tanzten und sprangen zu wilden Rhythmen auf der Wiese umher, und einige Gäste trugen verbotenerweise Masken vor dem Gesicht. Von anstössigen Berührungen und Nacktänzen sagte Barbara Wolff nichts, doch es gibt ande-

re Prozeßverhöre, die hiervon berichteten.

Mit zu den verwerflichsten Dingen, die während des Hexensabbats geschahen, gehörte die Umkehrung und Verspottung religiöser Zeremonien. Da wurden Anwesende in Teufels Namen anstatt in Gottes Namen getauft und vermählten sich mit dem Satan in einer feierlichen Prozedur. Sie beteten den Teufel an und verehrten ihn mit einem Kuß auf den Hintern. Das anschließende Mahl pervertierte die christliche Abendmahlfeier ins genaue Gegenteil.

Die Hexen repäsentierten die verkehrte Welt. Sie verdrehten christliche Segenssprüche in schadenstiftende Zauberformeln, verkehrten die Rituale des Gottesdienstes ins Gegenteil und schützten die ihnen anvertrauten Kinder nicht, sondern mißbrauchten und töteten sie. Die Kenntnisse der Frauen auf den Gebieten der Kräuterheilkunde und der Empfängnisverhütung, der Geburtshilfe und der Kinderpflege wurden ins schädliche und schändliche Gegenteil verzerrt. Die gesellschaftliche Ordnung drohte unter ihrem Einfluß in ein Chaos auszuufern. Daher stellten die

■ Dem Verfolgungswahn lag die Idee zugrunde, daß die gesellschaftliche Ordnung durch die Existenz und das schändliches Treiben der Hexen in eine Unordnung verdreht wurden.

Hexen in den Augen ihrer Zeitgenossen ein so große Gefahr dar und rechtfertigten das brutale Vorgehen der Gerichte.

Die Vorwürfe gipfelten im grausigen Kindermord

■ Kernstücke des Hexensabbats bildeten das Opferritual und das anschließende Teufelsmahl.

Als eines der abscheulichsten Verbrechen galt der Kindermord. Angeblich raubten und töteten Hexen schutzlose Kinder, um aus ihrem Leichnam die verschiedensten Zaubermittel herzustellen.

Barbara Wolff gab zu, daß sie ihr *letztes Kind, Margareth geheißen,* dem Teufel *mit Leib und Seel geben.* Es war ungetauft noch in der Nacht der Geburt gestorben. Die Amme *im Schnaderloch, wie selbige selbst vorgeben, hat dieses ausgegraben und Schmier draus gemacht.* Andere Hexen berichteten von Kinderraub und Kinderkannibalismus. Die ebenfalls aus Miltenberg stammende und als Hexe angeklagte Auer Els wußte, daß die *Schmier,* also die Zaubersalbe aus den Leichen ungetaufter Kinder gemacht wurde. Wobei die Beine zusammen mit dem Fleisch in einem Kessel gesotten wurden. Und Magdalena, die Ehefrau des Miltenbergers Michael Schloßmann ergänzte: *Sie nehmen tote Kinder, sieden sie oder stoßen sie zu Pulver. Es muß einer von Anfang an lernen.*

■ Die Hexe wurde während des Verhörs immer wieder aufgefordert, ihre Komplizen zu benennen. So konnte die Verfolgung weite Kreise ziehen.

Ganz unglaublich klingt für unsere Ohren auch das Geständnis der Ottilia Butschbecherin. Sie hatte angeblich *ihr eigene Leibesfrucht wiederum ausgegraben und zu zauberischer Schmier sieden helfen.* Unter den Angeklagten Miltenbergern war auch ein Vater mit Namen Lienhard Reuß, der das Kind, *das seiner ersten Frau abgegangen war, vom Kirchhof geholt, es am Bach kleingeklopft, damit mans nit erkennen kann, gesotten und Schmier draus gemacht.*

Die als Hexer angeklagten Männer bildeten die Ausnahme, zumindest auf dem Höhepunkt des Wahns. In der Regel standen Frauen vor dem Richterstuhl. Der Ritualmord an Kleinkindern, der ihnen regelmäßig zur Last gelegt wurde, galt als besonders verwerflich. Einige Wissenschaftler vertreten die These, daß die Kirche zusammen mit der Obrigkeit gerade im 16. und 17. Jahrhundert einem Bevölkerungsrückgang entgegenwirken wollte. Jede Empfängnisverhütung und jede Möglichkeit der Geburtenkontrolle sollte verhindert werden. Die Obrigkeit versuchte, den Einfluß sachkundiger Frauen auf diesem Gebiet auszuschalten. Dabei lieferte ihnen der Mythos der kindermordenen Hexe einen willkommenen Anlaß.

Der Ursprung der rituellen Handlungen, die auf dem Hexensabbat praktiziert wurden, ist im Religiösen zu suchen. Nicht nur Teufelsanbetung und

-taufe oder auch die Vermählung mit dem Satan gehörten dazu. Auch das Opferritual der Kinder und das Fleischessen erinnern an die symbolische Form der christlichen Abendmahlfeier. Wer sein Fleisch esse und sein Blut trinke, hatte Jesus erklärt, der erhalte das ewige Leben (Joh 6, 54).

Die Idee, daß der Mensch eine Verbindung mit dem Übernatürlichen eingeht und so an dessen Macht und Unsterblichkeit teilhat, war in vielen Religionen verbreitet und rechtfertigte Speise- und Opferrituale. Im christlichen Glauben sind diese Handlungen auf die harmlose Form der Abendmahlfeier reduziert worden. Potenz- und Unsterblichkeitswünsche erhielten neue Nahrung in den verzerrten Phantasien der kannibalistischen Kulthandlungen des Hexensabbats. Die Kirche, die selbst um Ansehen und Autorität fürchten mußte, unterstützte die Ausschmückung des Feindbildes. Der Kampf gegen den äußeren Feind lenkte von inneren Schwierigkeiten ab. Die Traktate und Predigten führender Juristen und Theologen spiegeln die Befürchtung wieder, in einer Zeit zunehmenden Verfalls zu leben. Da war das Bild der zerstörerischen Hexe ein willkommenes Mittel der Disziplinierung.

Auch die hetero- und homosexuellen Phantasien über die sagenhaften Orgien bei den mitternächtlichen Treffen, spiegeln im Kern sicherlich die verkrampfte Einstellung vieler Menschen auf dem Gebiet der Sexualität wieder.

Nicht zuletzt diente das ausführliche Verhör über den Hexensabbat auch der sogenannten Besagung. Barbara Wolff wurde mehrfach gefragt, wen von den Gästen sie erkannt hätte, wer die Brautführer, die Taufpaten und die Spielleute gewesen waren. In dem Zusammenhang von Denunziation zu sprechen, trifft den Kern sicher nicht. Denn das Geständnis war in der Regel ja nicht freiwillig, sondern unter der Folter erzwungen. Barbara Wolf zeigte allerdings ungewöhnlich viele Leute an, die sie bei den Hexentänzen gesehen haben wollte. Dahinter steckten möglicherweise Rachegfühle für jahrelang ertragene Demütigungen. Hinter der Angeklagten lag ein armseliges Leben, ehe sie geköpft und verbrannt wurde. Sie hatte nach eigenen Angaben eine Ehe voll Streit und Zank mit ihrem Mann geführt, der selbst den Tod als Hexer fand. Auch einer ihrer Söhne wurde hingerichtet. Spätestens seit diesem Zeitpunkt war sie als Hexe von ihrer gesamten Umgebung verschrien. Bei den Besagungen scheint die ganze Erbitterung einer Kreatur hervorzubrechen, die für sich selbst keine Hoffnung mehr sah und möglichst viele andere Personen mit ins Unglück reißen wollte.

Abhandlungen zur Hexenkunde

■ Wie lautete die Anklage?
Welche Vergehen warf man
den Hexen vor?

Papst Innozenz III. (1298 – 1216) konnte nicht ahnen, welch weitreichende und schreckliche Folgen sein Erlaß *Summis desiderantes affectibus,* besser bekannt als die gefürchtete Hexenbulle, für mehr als ein Jahrhundert haben sollte. Einen Tag vor dem Nikolausfest, am 5. Dezember 1484, gab der Papst bekannt, daß die beiden Inquisitoren Heinrich Institoris und Jakob Sprenger seine volle Unterstützung bei der Verfolgung der gefährlichen Hexenbrut haben würden. Er stattete seine *geliebten Söhne* Institoris und Sprenger nicht nur mit unumschränkten Vollmachten aus,

INNOCENTIVS·VIII·PAPA·GENVENSIS·

Hexenjäger Heinrich

Als Heinrich Kramer kam er um 1430 im elsässischen Schlettstadt zur Welt. Den damaligen Gewohnheiten entsprechend latinisierte er seinen Namen und nannte sich Heinrich Institoris. Mit 15 Jahren trat er in das Dominikanerkloster seiner Heimatstadt ein. Großes Aufsehen erregte der Mönch zum ersten Mal im Jahre 1474, als er Kaiser Friedrich III. mit einer respektlosen Predigt heftig attackierte. Die wilden Worte zeigten Wirkung. Heinrich mußte ins Gefängnis, allerdings nur für kurze Zeit. Er genoß trotzdem hohes Ansehen im Orden, denn er wurde nicht nur rehabilitiert, sondern schon bald zum Generalinquisitor ernannt. Später soll er Ablaßgelder unterschlagen haben. Aber auch in diesem Fall gelang es ihm, sich aus der Affäre zu ziehen.

Er stärkte seine Position in Rom, vor allem durch seine kompromißlose und rigorose Haltung in der Hexenfrage. Mit Feuereifer verfolgte Heinrich Institoris die Hexen, wo immer er eine Gelegenheit sah. Diese Aufgabe ließ ihn sein Leben lang ruhelos umherziehen. Dabei war er nicht immer erfolgreich, sondern mußte auch schwere Niederlagen hinnehmen, wie zum Beispiel im Innsbrucker Prozeß 1485.

Nicht nur als Hexenjäger machte sich Institoris einen Namen. Er hinterließ auch ein reiches literarisches Werk. Mit dem Hexenhammer verfaßte er jenen grauenvollen Bestseller, der jahrhundertelang als Anleitung für die Verfolgung von Hexen und die Gerichtsverfahren diente. Am Ende eines rastlosen und von blindem Fanatismus erfüllten Lebens starb Heinrich Institoris im Jahre 1505.

sondern rief auch die Bischöfe der Kirchenprovinzen Mainz, Trier, Köln, Salzburg und Bremen auf, die beiden mit allen Kräften zu unterstützen. Damit war dem Hexenwahn in ganz Deutschland und darüber hinaus in weiten Teilen des christlichen Europas Tür und Tor geöffnet.

Wie konnte es überhaupt zu dem päpstlichen Erlaß mit derart weitreichenden Konsequenzen kommen? Die Hexenbulle von 1484 war bei weitem nicht das erste Dokument zu diesem Thema. Seit der Mitte des 13. Jahrhunderts hatten die Päpste in über 30 Briefen immer wieder gegen Zauberei und Hexerei gewettert. Und in den seltensten Fällen gingen die Erlasse auf ihre eigene Initiative zurück. Meist wurden sie auf Drängen übereifriger Hexenjäger verfaßt. So entstand auch die berühmt-berüchtigte Hexenbulle auf Betreiben des Dominikanermönches Heinrich Institoris. Bevor er zur Feder griff, um ein Werk gegen die Hexen zu schreiben, hatte sich Bruder Heinrich schon seit vielen Jahren mit Hingabe der Hexenverfolgung gewidmet. Er kannte nur ein Ziel: Die vollständige Ausrottung dieser ebenso gefährlichen wie durchtriebenen Sekte. Nicht eher wollte er ruhen, bis nicht auch die letzte Hexe auf dem Scheiterhaufen verbrannt war. Das hatte er sich geschworen. Doch weil sich die Hexen in den letzten Jahrzehnten mit geradezu rasanter Geschwindigkeit ausgebreitet hatten, bedurfte es dazu völlig neuer Strategien. Auf die Unterstützung des Papstes konnte er dabei zählen. Dieser war von der Existenz der Hexen und der Gefahr, die sie mit sich brachten, ebenso überzeugt wie Heinrich selbst.

,, *Es ist uns neulich zu Ohren gekommen,* schrieb der Papst, *daß in einigen Teilen Deutschlands sehr viele Personen beiderlei Geschlechts ihre eigene Seeligkeit vergessen und vom katholischen Glauben abfallen, um mit den Teufeln, die sich als Männer oder*

MALLEVS
MALEFICARVM,
MALEFICAS ET EARVM
hæresim frameâ conterens,

EX VARIIS AVCTORIBVS COMPILATVS,
& in quatuor Tomos iustè distributus,

*QVORVM DVO PRIORES VANAS DÆMONVM
versutias, præstigiosas eorum delusiones, superstitiosas Strigimagarum
cæremonias, horrendos etiam cum illis congressus; exactam denique
tam pestifera sectæ disquisitionem, & punitionem complectuntur.
Tertius praxim Exorcistarum ad Dæmonum, & Strigimagarum maleficia de Christi fidelibus pellenda; Quartus verò Artem Doctrinalem,
Benedictionalem, & Exorcismalem continent.*

TOMVS PRIMVS.
Indices Auctorum, capitum, rerúmque non desunt.

Editio nouissima, infinitis penè mendis expurgata; cuique accessit Fuga
Dæmonum & Complementum artis exorcisticæ.

Vir siue mulier, in quibus Pythonicus, vel diuinationis fuerit spiritus, morte moriatur
Leuitici cap. 10.

LVGDVNI,
Sumptibus CLAVDII BOVRGEAT, sub signo Mercurij Galli.

M. DC. LXIX.
CVM PRIVILEGIO REGIS.

■ Die Hexenbulle des
Papstes Innozenz VIII. war als
Vorwort im Hexenhammer
abgedruckt und verlieh dem
Werk große Autorität.

Frauen mit ihnen vermischen, Mißbrauch zu machen, und mit ihren Bezauberungen die Geburten der Frauen, die Jungen der Tiere, die Früchte der Erde, die Weintrauben und Baumfrüchte wie auch die Menschen verderben.

Menschen und Tiere würden sie mit *grausamen inneren und äußeren Schmerzen plagen.* Sie trügen die Verantwortung, wenn Frauen keine Kinder bekommen konnten und Männer nicht zeugungsfähig waren. Daher ordnete er an, daß die Inquisitoren nach schuldigen Personen suchen sollten, und sie nach *ihrem Verbrechen züchtigen, in Haft nehmen und an Leib und Vermögen zu strafen.*

Sie durften öffentlich predigen, *auch alles und jedes, was nötig und nützlich sein wird, frei und ungehindert tun.* Das war ein Freibrief.

Der Hexenhammer sollte alle Kritiker zum Schweigen bringen

Heinrich hielt das päpstliche Dokument natürlich nicht unter Verschluß, sondern stellte es seinem eigenen Werk, dem *Hexenhammer,* als Vorwort voran. Damit erhielt seine eigene Abhandlung zur Hexenverfolgung eine ungeheure Aufwertung. Die höchste kirchliche Autorität des christlichen Abendlandes bestätigte und bekräftigte den Inhalt.

Was waren Inhalt und Absicht des *Malleus Maleficarum,* auf deutsch *Hexenhammer?* Zunächst einmal ist vorauszuschicken, daß der Titel zwei Autoren nennt, Heinrich Institoris und Jakob Sprenger. Obwohl beide Dominikanermönche als Verfasser zeichneten, sind sich die Historiker mittlerweile einig, daß Heinrich Institoris den Hexenhammer allein verfaßte und seinen Ordensbruder lediglich für seine Zwecke einspannte. Jakob Sprenger war Professor an der Kölner Universität und wurde nach einigen Jahren Lehrtätigkeit sogar Dekan der Theologischen Fakultät. Er genoß hohes Ansehen als Autorität von untadligem Ruf. So ist es kein Wunder, daß Institoris viel daran gelegen war, gerade diesen Mann zu überreden, die Vorrede zu schreiben und seinen Namen unter das Gesamtwerk zu setzen. Doch damit nicht genug, legte Institoris das Manuskript im Frühjahr 1487 der Kölner Theologischen Fakultät zur Prüfung vor. Er konnte sicher sein, daß diese Kommission es wohlwollend prüfen würde, da sein Mitautor über gute Beziehungen zu der Behörde verfügte. Und tatsächlich fiel das Gutachten der acht Theologieprofessoren positiv aus.

Ob das Dokument eine Fälschung ist oder der Wahrheit entspricht, ist bis heute in Fachkreisen umstritten. Fest steht jedenfalls, daß alle bis dahin von geistlicher und weltlicher Seite erhaltenen Bestätigungen entscheidenden Anteil an der Verbreitung und Wirkung des Hexenhammers hatten. Und genau daran war dem Initiator Heinrich besonders gelegen. Er wußte, daß er mit Widerstand und Kritik zu rechnen hatte. Daher unternahm Heinrich im Vorfeld alles, um jeden Zweifel an der Richtigkeit seiner Annahmen und Aussagen zu zerstreuen:

> *Weil manche Prediger und Seelsorger sich nicht scheuen, öffentlich zu behaupten, es gäbe keine Hexen oder sie könnten keinen Schaden anrichten, wurde leider aufgrund dieser unvorsichtigen Predigten bisweilen dem weltlichen Arm, die Befugnisse zur Bestrafung derartiger Hexen abgeschnitten.* **Das durfte nicht mehr passieren.**

■ Für mehr als zwei Jahrhunderte war der Hexenhammer das meist benutzte Handbuch zur Hexenverfolgung.

Kaum war die Druckerschwärze getrocknet, erfreute sich der Hexenhammer ungeheurer Beliebtheit, sowohl unter den weltlichen als auch unter den geistlichen Inquisitoren. Dabei stellte der Inhalt weder neue noch besonders originelle Ideen vor. Vielmehr hattte der Autor Altes und längst Bekanntes zusammengetragen. Ob es sich nun um die angebli-

chen Schandtaten der Hexen, den Hexenflug oder die geheimen nächtlichen Zusammenkünfte handelte, viele Punkte hatten schon andere Hexenjäger vor ihnen ausführlich besprochen. Als wichtigstes Vorbild gilt bis heute das *Directorium inquisitorium* des spanischen Inquisitors Nikolaus Eymericus aus dem Jahr 1376. Instituris hat sicherlich auch den 1437 verfaßten *Formaricus* seines Schweizer Ordensbruders Johannes Nider gekannt. Er entnahm diesen sowie anderen Traktaten zur Hexenverfolgung zahlreiche Gedanken und Zitate. Die Zusammenstellung zeigt vor allem die Belesenheit des Autors auf diesem Gebiet.

Der *Malleus Maleficarum* bestand aus drei Hauptteilen. Der erste Teil legte in 17 Kapiteln dar, was Zauberei und Hexerei war. Er beschrieb den Teufel und die Hexen, ihr Aussehen und ihren schändlichen Charakter. Die Existenz dieser bösartigen und übernatürlichen Wesen wurde von der Kirche zu dieser Zeit nicht mehr in Frage gestellt. Es gab Hexen und daran wurde nicht gerüttelt. Ausführlich beschrieb der Verfasser die geschlechtliche

Verbindung, die Teufel und Hexen in Form von „*incubus*" und „*succubus*" eingingen, und ihr Zusammenwirken zum Schaden der Christenheit.

Der zweite Teil führte die ganze Palette der Schandtaten vor Augen, zu denen sie fähig waren. Sie hexten ihren Mitmenschen Krankheit und Unglück an, sie töteten Menschen und Haustiere, sie waren die Ursache für Seuche und Mißernte. Die Hexen konnten die Zeugungskraft des Mannes unterbinden und Unfruchtbarkeit bei der Frau verursachen. Auch auf unschuldige Kinder hatten sie es abgesehen. Besonders die Hexenhebammen gerieten unter Beschuß. Ihnen warf man vor, verbotenerweise Verhütungsmittel zu verabreichen und Abtreibungen vorzunehmen. Überdies standen sie nicht selten im Verdacht, Neugeborene zu töten und sie dem Teufel zu übergeben.

Nachdem die Schandtaten in aller Ausführlichkeit dargelegt waren, konnte kein Zweifel mehr an der Notwendigkeit bestehen, diese gefährliche Brut zu vernichten. Der dritte Teil enthielt dann auch eine Anleitung für die Jagd, die Bestrafung und die Vernichtung der Hexen. Er begann mit einem Aufruf zur Denunziation. Jeder, der *weiß, gesehen oder gehört hat, daß irgend eine Person als Ketzerin oder Hexe übel beleumundet oder verdächtig sei und daß sie im besonderen so etwas treibe, was zur Schädigung der Menschen, Haustiere oder Feldfrüchte und zum Schaden des Gemeinwesens* sein konnte, mußte diese Person innerhalb von 12 Tagen anzeigen. Ansonsten drohte ihm die Exkommunikation und damit der Ausschluß aus der christlichen, und das hieß in dieser Zeit auch aus der sozialen Gemeinschaft.

Bei dem Inquisitionsprozeß gab es keinen Ankläger, der öffentlich aussagen mußte. Für die Anklage war der Hinweis eines Denunzianten, der selbst im Verborgenen bleiben konnte und seine Beschuldigung lediglich beschwören mußte, völlig ausreichend. Im Mittelpunkt dieses dritten und

letzten Teils stand die Prozeßführung. Indizien, Verdachtsmomente und Zeugenverhöre wurden ausführlich beschrieben. Jedes Mittel war recht, um eine Hexe zu überführen, und praktisch jede Person konnte als Belastungszeuge herhalten. *Exkommunizierte, Teilhaber und Genossen des Verbrechens, genauso wie Infame und Verbrecher* waren zugelassen. Außerdem durfte *Hexer gegen Hexer* aussagen, *jedoch nur mangels anderer Beweise und immer gegen und nicht für. Auch Ehefrauen, Söhne und Angehörige* sollten ins Kreuzverhör genommen werden, aber nur wenn sie *gegen und nicht für* die Angeklagten aussagten.

Nur in den seltensten Fällen wurden Verteidiger zugelassen. Und auch in dem Fall versäumte der Verfasser nicht, eindringlich davor zu warnen, den Hexen zu glauben.

Eine ausführliche Beschreibung von Verhör- und Foltermethoden war als praktische Anleitung gedacht. Grausame Folter rechtfertigte der Autor damit, daß der Teufel die Hexe so *unempfindlich gegen Schmerzen gemacht (hat), daß sie sich eher gliederweise zerreißen läßt, als etwas von der Wahrheit gestehen zu können.*

Ziel des Verfahrens war, die Angeklagten mit allen möglichen Mitteln, die abwechselnd eingesetzt wurden, zum Geständnis zu bewegen. Das Kreuzverhör, die falschen Versprechungen und Hoffnungen auf baldige

Freilassung, die Foltermethoden und anderen Quälereien verfolgten nur diesen einen Zweck. Es handelte sich meist um reine Scheinprozesse. Denn in den Augen der Inquisitoren stand die Schuld der Angeklagten von vorneherein fest.

Der Hexenhammer sollte als praktisches Handbuch bei Verfolgung und Prozessen dienen, und als solches war er seit seinem Erscheinen über den deutschen Sprachraum hinaus weit verbreitet. Zum ersten Mal erschien das Werk 1486 im Druck, und zwar in Köln. Die gerade erst entdeckte Kunst des Buchdrucks ermöglichte eine rasche und effektive Verbreitung. Die Auflagen geben einen Eindruck, wie gefragt der Leitfaden bei der Hexenverfolgung war. Bis zum Beginn des 17. Jahrhunderts wurde die Schrift 29mal aufgelegt, allerdings immer in lateinischer Sprache. Das bedeutete, nur die Gelehrten, die Juristen, Theologen und Mediziner konnten sie lesen und benutzen. Die erste deutsche Übersetzung erschien erst 1906.

Nicht nur das Werk selbst, auch der Titel verwies auf eine lange Tradition. Mit dem Ehrennamen *Malleus haereticorum* (Ketzerhammer) zeichnete man seit dem 13. Jahrhundert diejenigen aus, die sich im Kampf gegen Häresien verdient gemacht hatten. Der *Malleus iudeorum* (Judenhammer) hetzte zu Beginn des 15. Jahrhunderts gegen die Juden, und der Hexenhammer sollte die teuflische Hexenbrut ausrotten.

Der Frauenhaß hatte fatale Folgen

Ein Aspekt unterscheidet den Hexenhammer allerdings von anderen Traktaten. *Malleus Maleficarum* (nicht -orum) heißt es im Lateinischen. Dieses Detail ist insofern wichtig, da es von vornherein die Stoßrichtung anzeigt. Die weibliche Endung -arum macht deutlich, daß das Handbuch sich einseitig gegen Frauen richtete, und nicht wie andere Traktate allgemein gegen Hexen und Hexenmeister.

Der Haß auf das weibliche Geschlecht trieft dann auch aus jeder Seite.

Sie sind von Natur aus leichtgläubiger und einfältiger. Ihre Zunge ist schlüpfrig und sie können das, was sie durch schlechte Kunst erfahren, ihren Genossinen kaum verheimlichen. Heimlich, da sie keine Kräfte haben, suchen sie sich leicht durch Hexenwerke zu rächen. Nochmals bittrer als der Tod, weil der Tod des Körpers ein offner, schrecklicher Feind ist; das Weib aber ein heimlicher, schmeichelnder Feind.

Wiederholt zitiert der Autor aus dem alten Testament, wo es heißt: *Ein schönes und zuchtloses Weib ist wie ein goldener Reif in der Nase der Sau. Der Grund ist ein von der Natur entnommener, weil es fleischlicher gesinnt ist, als der Mann, wie es aus den vielen fleischlichen Unflätereien ersichtlich ist.*

Hinter der Ablehnung von Lust und Sexualität in jeder Form steckte die tiefe Angst einiger christlicher Männer, die Frau nicht befriedigen zu können. Daher verurteilten sie von vornherein jede Begierde.

Alles geschieht aus fleischlicher Begierde, die bei ihnen unersättlich ist. Dreierlei ist unersättlich (etc.) und das vierte, das niemals spricht: es ist genug, nämlich die Öffnung von der Gebärmutter. Darum haben sie auch mit den Dämonen zu schaffen, um ihre Begierden zu stillen. So ist es kein Wunder, wenn von der Ketzerei der Hexer mehr Weiber als Männer besudelt gefunden werden. Und gepriesen sei der Höchste, beschließt der Autor den Angriff auf die Frauen, der das männliche Geschlecht vor solcher Schändlichkeit bis heute so wohl

bewahrte: da er in demselben für uns geboren werden und leiden wollte, hat er es deshalb auch so bevorzugt.

Der Hexenhammer hat die Gemüter bis in unser Jahrhundert hinein bewegt. In der Ablehnung sind sich die Wissenschaftler einig. Schon Zeitgenossen empörten sich angesichts dieser Geschichte der *Rasereyen, Thorheiten und Irrthümer der Menschen.* Das tat der Wirkung des Pamphlets aber keinen Abbruch. Als das *schauerlichste Buch, das verruchteste und zugleich läppischte, verrückteste und dennoch unheilvollste Buch der Weltliteratur,* bezeichnen es bis heute die, die sich damit beschäftigen. Zum ersten Mal gab es eine vollständige Zusammenfassung aller Vorstellungen zum Hexenglauben und dessen Bekämpfung.

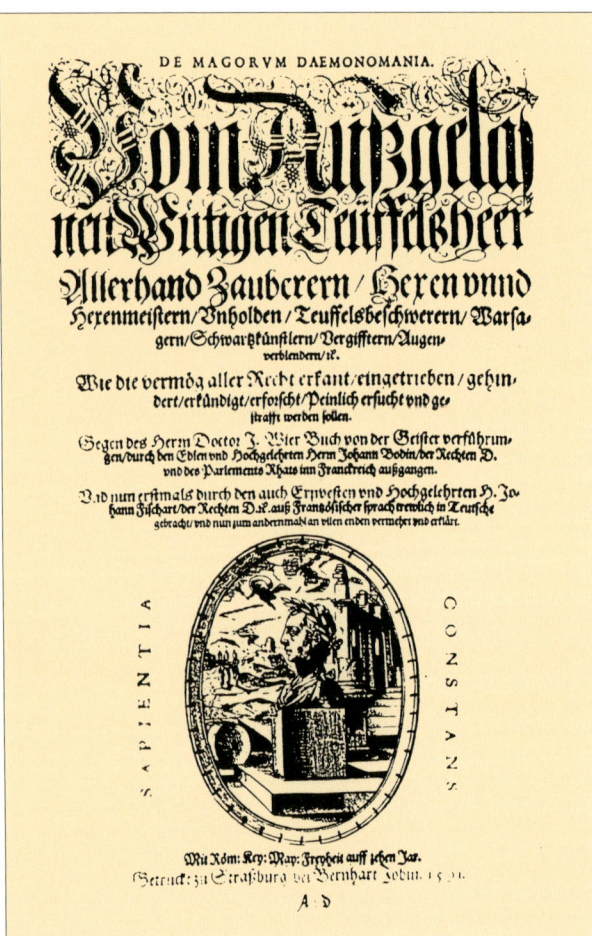

Hexenbücher wurden zu Bestsellern

Der Hexenhammer ist die bekannteste, aber längst nicht die einzige Schrift zum Hexenwesen. Knapp ein Jahrhundert später veröffentlichte der französische Jurist Jean Bodin 1580 seine *De daemonomania magorum.* Im darauffolgenden Jahr übersetzte der Satiriker Fischart die Abhandlung ins Deutsche und gab ihr den Titel Vom *ausgelassnen wütigen Teufelsheer.* Mit der Übersetzung waren die Voraussetzungen für eine weite Verbreitung geschaffen. Und das war Fischarts Absicht, der damit ein "Aufklärungsbuch" für das Volk herausbringen wollte. Bodin griff in seiner Schrift die Gedanken des Hexenhammers auf und erweiterte sie. Auch er hielt die Hexerei für das abscheulichste Vergehen überhaupt. Für die Bekämpfung dieses Ausnahmeverbrechens war ihm jedes Mittel recht. Die im Strafprozeß üblichen Regeln sollten bei der Hexenverfolgung außer Kraft gesetzt werden. *Wenn ihr richtet, fürchtet niemand, denn ihr richtet mit Gott.* Vehement vertrat Bodin seine Überzeugung.

Ähnlich argumentierte der 1540 geborene und spätere Trierer Weihbischof Peter Binsfeld. Nach seinem Theologiestudium in Rom erhielt er den Auftrag, die Hexengefahr in der fürstlichen Abtei und Stadt Prüm (Eifel), die dort angeblich wütete, auszurotten. Er tat dies mit großem Erfolg und veröffentlichte in dem Zusammenhang 1598 den *Tractatus de confessionibus maleficorum et sagarum* (Von den Bekenntnissen der Zauberer und Hexen). Binsfeld schilderte die Schandtaten der Hexen und gab den Hexenjägern konkrete Maßnahmen für die Ausrottung an die Hand, und zwar die, die er im eigenen Bistum auch selbst praktizierte.

Auch Martin Luther war Kind seiner Zeit und sprach sich als solcher für die Hexenverfolgungen aus, die er mit dem Exoduswort *Den Zauberer sollst du nicht leben lassen* (Ex 22,18) hinreichend begründet sah.

Ein eifriger Hexenjäger auf protestantischer Seite war der 1595 in Wittenberg geborene Benedikt Carpzov. Man sagte ihm nach, er allein hätte 20.000 Hexen zum Tode verurteilt. Auch wenn die Zahl sicher zu hoch gegriffen ist, erlangte Carpzov als Hexenjäger traurige Berühmtheit. Noch Jahrzehnte

nach seinem Tod zitierten Richter und Geschworene aus seinem Lehrbuch. Im Laufe seines Lebens kletterte der Jurist und Sohn eines Juraprofessors die Karriereleiter stetig nach oben. Er war schließlich einer der höchsten Richter im Kurfürstentum Sachsen und dann Professor in Leipzig, wo er im Alter von 71 Jahren starb. Der Rechtsgelehrte veröffentlichte bedeutende Schriften zum Strafrecht und ging in seinem Lehrbuch *Practica rerum criminalium,* das 1635 in Wittenberg erschien, ausführlich auf den Hexenprozeß ein. Seine Argumente waren nicht neu. Auch er zählte die Hexerei zu den *crimina excepta,* den Ausnahmeverbrechen. Da die Hexen sich im Verborgenen hielten und so schwer zu entdecken wären, reichte seiner Ansicht nach die Vermutung aus, um sie mit der Folter zum Geständnis zu zwingen.

Nicht nur spitzfindige Argumentation, sondern auch Willkür und Grausamkeit sprechen aus den gelehrten Werken. Die in lateinischer Sprache abgefaßten Hexenbücher wandten sich zunächst an eine kleinen Kreis Gebildeter, an die Juristen und Theologen. Ihr Inhalt fand weite Verbreitung durch die Übertragung in die Volkssprache und die Predigten von der Kanzel.

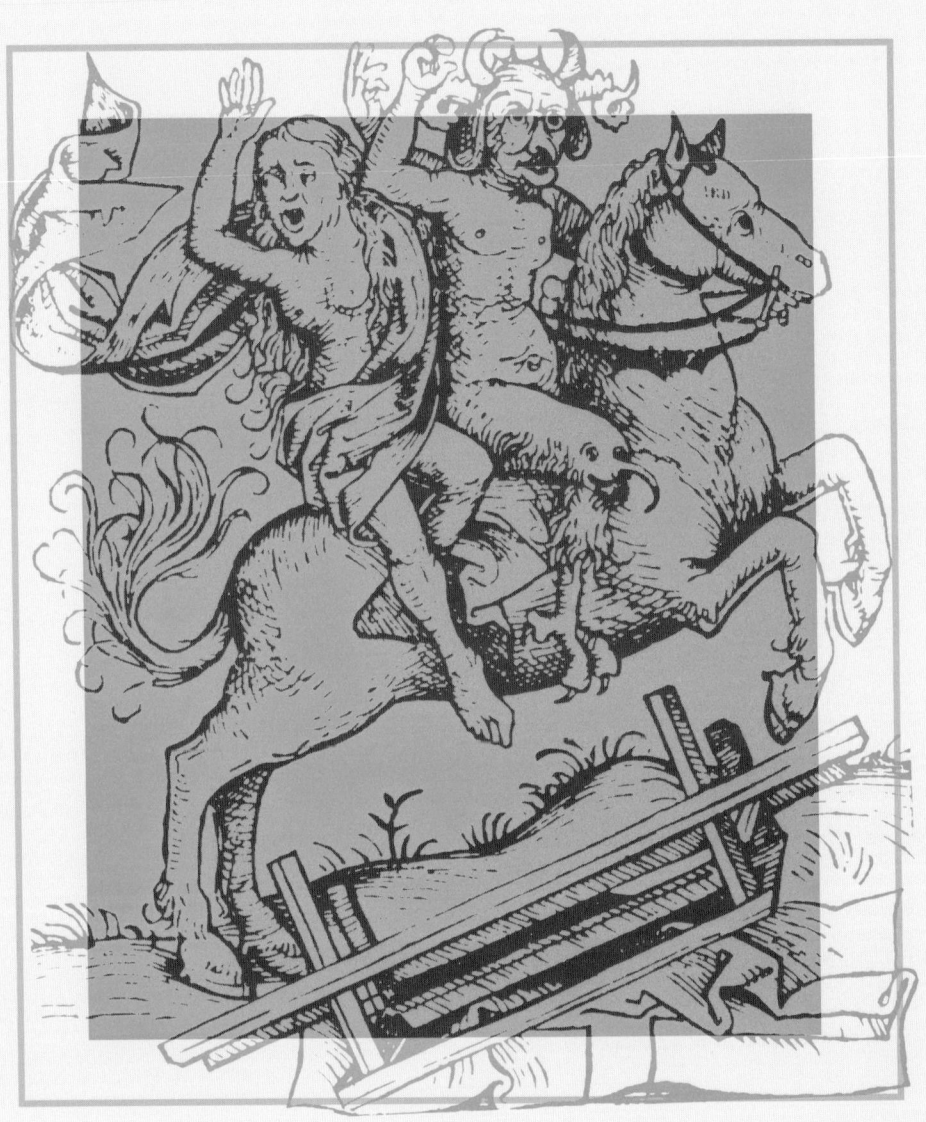

Die verfolgte Frau oder Irren ist männlich

Die Streitigkeiten mit ihrem Schwiegersohn wurden der alten Elsa Plainacher aus Mank in Niederösterreich zum Verhängnis. Die Witwe war eine eifrige Anhängerin des protestantischen Glaubens. Und sie nahm ihre Enkelin Anna Schlutterbauer, die seit dem Tod der Mutter bei ihr lebte, oft mit zu Predigten und Gottesdiensten. Unglücklicherweise beschimpfte sie ihren Schwiegersohn einmal als *papistischen Hundt*. Damit machte sie sich Georg Schlutterbauer, der ihr ohnehin nicht wohlgesonnen war, vollends zum Feind. Der verärgerte Schwiegersohn brachte den Prozeß gegen die 70jährige Frau in Gang. Dabei lieferten ihm die epileptischen Anfälle, unter denen seine Tochter Anna litt, einen plausiblen Grund. Die 16jährige Anna hatte schon mehrere Teufelsaustreibungen über sich ergehen lassen müssen, konnte aber bisher nicht geheilt werden. Immer noch litt das Mädchen unter regelmäßigen krampfartigen Anfällen, bei denen sie plötzlich hinstürzte, sich zuckend am Boden wand und die Erinnerung verlor.

Georg Schlutterbauer beschuldigte seine Schwiegermutter, für die Krankheit des Mädchens verantwortlich zu sein und ging vor Gericht. So bedeutend schien ihm der Vorfall, daß sich der Wiener Bischof Kaspar Neubeck der Sache selbst annahm. Und damit war das Todesurteil über die alte Frau praktisch schon gesprochen. Denn der Bischof war überzeugt davon, daß das Mädchen vom Teufel besessen war und kein anderer als die Großmutter den Schadenszauber verursacht hatte. Deshalb es *trefflich guet und nutz wäre, das diesselbig person malefica ain alt weib, so diss menschenändl sein solle in vinculis et carcere* (in Ketten und im Kerker) *detiniert wurde,* ehe man neue Teufelsaustreibungen vornahm. So wollte es der Bischof. Elsa Plainacher beteuerte unter Tränen ihre Unschuld. Ihre Tochter Margareta hatte ihr auf dem Totenbett die damals fünfjährige Anna ans Herz gelegt, und sie hatte das Mädchen großgezogen. Mit 14 Jahren hatte der Vater der Großmutter das Kind weggenommen und gegen ihren Willen in fremde Dienste gegeben. Sie hätte Annas Krankheit nicht verursacht und hegte gewiß keine bösen Gedanken, versicherte die Frau. Die Gerichtskommission war anderer Ansicht. Am 31. Juli 1583 machten sich die Folterknechte auf kaiserlichen Befehl an ihre grausige Arbeit. Nach der ersten Tortur blieb die alte Frau noch fest. *Wenn man sy gleich zue todt martere, so habe sy khainen bosen Feindt weder im glass noch anderen sachen nit gehabt, der Anndl auch nie khainen gezaigt.* Den fortwährenden physischen und psysischen Quälereien der folgenden Tage konnte die Frau auf Dauer nicht standhalten. Ihr Widerstand brach, und schließlich gestand sie die *abscheulichen und hochstverbottenen Taten.* Sie hätte sich mit dem Teufel eingelassen, Geschlechtsverkehr mit ihm gehabt und auch ihre Enkelin dem Satan geweiht. Der Teufel wäre in einen Apfel geschlüpft, den die Alte Anna zu essen gegeben hätte. In dem Moment wäre der Leibhaftige in das Kind gefahren und hatte Besitz von ihm ergriffen. Nachdem der Grund für Annas Krankheit schwarz auf weiß feststand, konnte die Teufelsaustreibung erneut vorgenommen werden. Diesmal, so schien es, mit Erfolg. Unter großem Beifall des Publikums entwichen 12.562 Teufel aus der Kranken, zuletzt mit viel Gebrüll und Gestank der Satan selbst.

Wie ließ sich die Anzahl der Dämonen so genau bestimmen? Der gelehrte Jesuit Dr. Georg Scherer wußte eine Antwort auf diese Frage. *Unsere Exorcisten fragten auch, und ihnen wird eben die Antwort gegeben Legio. Dann sonst ist die gemein Rechnung, daß ein Legio 6666 in sich halten soll. Aber die alten Lateinischen Scribenten geben einer Legion zu zwölftausendfünfhundert, dann sie theilen ein Legion in Zehen cohortes, ein jedlichen cohortem in 50 manipulos, manipulum in 25 milites. Das macht 12.500. Es seind aber die Legiones ungleich und unterschiedlich gewesen, wie bei uns das Regiment.* Insgesamt berechnete er 12.562 Dämonen. Für den gelehrten Mann war die Sache ebenso offensichtlich wie für die Richter:

> **Und was verlier ich vil Wort in einer sonnenklaren sachen? Die Thäterin, welche die Teuffel in das Mensch eingezaubert, ist durch das Gericht allhie güttlich und peinlich examiniert worden und bekennt lauter, sie hab solches und wol grewlicheres mehr gethan. Was will man mehr? Das Mägdlein bekennets, der Vatter bekennets, die Zauberin bekennets, der Augenschein gibts, alle Umstände bezeugens.**

Am 27. September 1583 stieg die alte Frau auf den Scheiterhaufen und wurde bei lebendigem Leib verbrannt. Noch lange Zeit nach dem Prozeß war *Plainacher* ein gefährliches Schimpfwort in Wien.

Für uns heute ist Elsa Plainacher eine zutiefst bedauernswerte Kreatur, der das Schicksal übel mitspielte. Die fromme Frau hatte ihre Tochter verloren und ihre kranke Enkelin mit viel Mühe und ohne Unterstützung großgezogen. Sie verlor ihr Leben auf grauenvolle Weise, weil sie sich nicht gegen die bösartigen Attacken ihres Schwiegersohnes wehren konnte. Die Zeitgenossen hatten eine völlig andere Sicht der Situation. In ihren Augen war Elsa Plainacher eine bösartige Hexe, die mit dem Teufel im Bund stand, großen Schaden anrichtete und den Tod verdiente.

Männer und Frauen brachten durch gezielte Verleumdung Witwen und Weise Frauen, Nachbarinnen und Bekannte, ja sogar engste Verwandte in Lebensgefahr. Erinnern wir uns an den Prozeß, der im 15. Jahrhundert ganz Arras aufschreckte. Damals war eine große Anzahl von Bürgern ungeachtet ihres Geschlechts angeklagt. Erst ein Jahrhundert später richtete sich der Verdacht mehr und mehr gegen die Frau, bis sich schließlich der Begriff der Hexe unauslöschlich mit dem des bösartigen Weibes verband.

Von der Mitte des 16. bis weit ins 18. Jahrhundert hinein waren je nach Region 75 bis 90 Prozent aller Angeklagten weiblich. Das heißt zum einen, daß die Hexerei kein ausschließlich weibliches Verbrechen war. Auch Männer konnten in die Maschinerie des Gerichts geraten. Andererseits sagen die Zahlen auch, daß vorwiegend Frauen in Verdacht gerieten, angeklagt und hingerichtet wurden.

Weshalb verdächtigte man auf dem Höhepunkt des Wahns vor allem die Frauen der Zauberei? Die Gründe liegen zum einen im frühneuzeitlichen Weltbild, das stark von den Anschauungen der römisch-katholischen und später auch der reformierten Kirche geprägt war. Sicherlich trugen auch der Beruf und die Persönlichkeit der Angeklagten dazu bei, die Aufmerksamkeit auf sich zu ziehen. Und häufig warteten neidische oder zornige Mitmenschen nur auf eine günstige Gelegenheit, der mißliebigen Nachbarin eins auszuwischen oder eine alte Rechnung zu begleichen.

■ In der Frühzeit der Verfolgungen standen Männer und Frauen gleichermaßen vor Gericht. Erst seit dem 16. Jahrhundert konzentrierte sich die Jagd hauptsächlich auf die Frauen.

■ Nach Ansicht der Kirche war die charakterschwache, leicht verführbare Frau ein williges Werkzeug des Teufels.

„Frau, du bist der Anteil des Teufels. Du hast zuerst den Baum berührt und Gottes Gebot übertreten." Der Tertullian (frühchristl. Schriftsteller) sprach den meisten Theologen aus der Seele

In einer Gesellschaft, in der Religion und Tradition eine so bedeutende Rolle spielten wie in der Frühen Neuzeit, besaß die Kirche ungeahnte Macht. Und in ihren Augen stellte die Frau die Ursache allen Übels dar, war doch durch die Urmutter Eva die Sünde in die Welt gekommen. Das negative Bild der Frau, das die theologischen Schriften von den ersten Kirchenvätern bis hin zu zeitgenössischen Predigten durchzog, hatte fatale Folgen für Hunderttausende von Frauen.

Um die Minderwertigkeit des anderen Geschlechts zu beweisen, stützten sich Theologen von Anfang an auf die Bibel. Allerdings beachteten sie nur einige ausgewählte Textstellen des Alten und Neuen Testaments. Besonders oft zitiert wurde der zweite Schöpfungsbericht (Gen 2,7–24), der beschreibt, wie Gott zuerst den Mann Adam schuf und ihn in das Paradies hinsetzte, wo er ihn ermahnte, nicht vom der Erkenntnis zu essen. Aus einer Rippe Adams formte Gott anschließend die Gefährtin, Eva. Die „Entstehung" Evas als Teil

Adams zog verhängnisvolle Konsequenzen nach sich. Die Bibelstelle wurde dahingehend ausgelegt, daß die Frau dem Mann von vorneherein an Wert unterlegen war. Sie wäre keine eigenständiges Wesen, sondern aus einem Teil des Mannes gemacht und zwar aus der Brustrippe, die gekrümmt und daher weniger wert war.

> ***Diese Mängel werden auch gekennzeichnet bei der Schaffung des ersten Weibes, indem sie aus einer krummen Rippe geformt wurde, d.h. aus einer Brustrippe, die gekrümmt und gleichsam dem Mann entgegen geneigt ist. Aus diesem Mangel geht auch hervor, daß, da das Weib nur ein unvollkommenes Tier ist, es immer täuscht.***

So argumentierte der Autor des Hexenhammers. Nicht nur körperlich, auch auf geistig-intellektuellem Gebiet war die Frau dem Mann unterlegen. Sie verstieß aus reiner Neugier und Schwäche gegen Gottes Gebote. Sie verführte den Mann zum Apfelgenuß und brachte ihn um das Paradies.

> ***Denn mag auch der Teufel Eva zur Sünde verführt haben, so hat doch Eva Adam verleitet. Und wie die Sünde der Eva uns weder leiblichen noch seelischen Tod gebracht hätte, wenn nicht in Adam die Schuld gefolgt wäre, wozu Eva und nicht der Teufel ihn verleitete, deshalb ist sie bittrer als der Tod. Die Frau traf also die Hauptschuld an der Vertreibung. Lebenslange Buße und ewige Schuld war ihr Los.***

Jahrhundertelang suchten Theologen in der Bibel nach den notwendigen Belegen für die weibliche Minderwertigkeit und angeborene Schwäche. Um die traditionelle Unterordnung der Frau zu begründen, eigneten sich vor allem die Korintherbriefe. *Das Haupt der Frau ist der Mann* (1 Kor 11,3). So lautete ein oft zitierter Ausspruch des Apostels Paulus.

Einer der bedeutensten Theologen des Mittelalters, Thomas von Aquin, stellte die Minderwertigkeit der Frau in dreifacher Hinsicht fest. Danach war sie dem Mann erstens durch die Erschaffung, zweitens durch ihre Natur und drittens durch ihre Funktion im Leben unterlegen. Die Autorität des Kirchenvaters trug maßgeblich dazu bei, daß sich diese ausgesprochen frauenfeindliche Sicht in den Köpfen der Gelehrten und der einfachen Leute – der Männer wie der Frauen – festsetzten konnte.

Das negative Frauenbild zog sich wie ein roter Faden durch die theologischen Schriften. Vielfach übersah und übersieht man dabei, daß die Bibelzitate, die aus dem Zusammenhag gerissen und verkürzt wiedergegeben wurden, eine Schärfe bekamen, die sie im Ursprungstext so nicht hatten. Positivere Darstellungen der Frau, die es in der Heiligen Schrift durchaus gibt, beachteten Theologen des Mittelalters und der Frühen Neuzeit meist nicht.

Trotzdem: An der Bibel haben keine Frauen mitgeschrieben, das ist offensichtlich. Die Frau war dem Mann nicht gleichwertig und hatte sich unterzuordnen. Diese abwertende Tendenz haben Theologen zu allen Zeiten aufgegriffen und verschärft. Durch die Frau war die Sünde in die Welt gekommen, und die Menschheit aus dem Paradies vertrieben worden.

Diese Vorstellung war grundlegender Bestandteil der offiziellen kirchlichen Anschauung, und sie prägte auch das Weltbild der Menschen in der Frühen Neuzeit. Von Natur aus galt die Frau als schwach und leicht verführbar. Gerade ihre sexuelle Zügellosigkeit war der Grund,

daß die Frauen dem Teufel wie reifes Obst reihenweise in den Schoß fielen.

Nochmals bitterer als der Tod, weil der Tod des Körpers ein offner, schrecklicher Feind ist; das Weib aber ein heimlicher, schmeichelnder Feind. Und daher heißt man sie nicht mehr eine gefährliche und bittere Schlinge der Jäger, als vielmehr der Dämonen. Alles geschieht aus fleischlicher Begierde, die bei ihnen unersättlich ist. Sie bewirken, was sie erstreben, mit Hilfe des Teufels.

Das negative Bild, das in den Köpfen der Menschen herumgeisterte, war grundsätzlich auf alle Frauen übertragbar. Und die Vorstellungen von den Hexen konnten eine solche Wirkung nur entfalten, weil sie traditionelle Elemente weiblicher Tätigkeit aufgriffen und mit volkstümlichen Hexenphantasien vermischten.

> ### Böse Hexen – alte Weiber
>
> Hippolytus Guarinonius überlegte 1610 weshalb sich vor allem alte Frauen der Hexerei verschrieben hätten. Vielen Zeitgenossen sprach er damit aus der Seele. *Warumb die alten Weiber kuplen und zu andern ublen sich brauchen lassen ist eben niemand anderst darumben schuldig, allein, daß sie dermaßen wider recht und billigkeit von jedermann verachtet und verworffen seyn, denen niemand schild und schutz, viel weniger Lieb und Trew hält. Gütiger Gott, was ist es wunder, daß sie Armuth und Noth, Trubsal und Kleinmütigkeit halben sich offt zu bösen dingen brauchen und gar dem bösen Feind, dem Teufel sich ergeben und mit Zauberey umbgeben thun?*

Auch in der Gesellschaft hatte die Frau eine untergeordnete Stellung. Ihre Tätigkeit war in der Regel auf Haus, Hof und Familie beschränkt.

Typische Zaubereien, die man den Hexen vorwarf, waren Milch- und Butterzauber, Wetter- und Liebeszauber, Giftmischerei, Krankheit und todbringender Zauber.

Die Hexen stoßen ein Messer in die Wand, nehmen einen Milcheimer zwischen die Beine und rufen den Teufel an, er möchte ihnen doch von einer bestimmten Kuh Milch verschaffen. Mit der größten Geschwindigkeit melkt der Teufel, bringt der Hexe die Milch und weiß es so einzurichten, als wenn sie aus dem Messerstiel gezogen wäre.

Nicht nur Heinrich Institoris, der Verfasser des Hexenhammers glaubte, daß der Milchzauber durch magisches Abmelken funktionierte. Gab das Vieh über längere Zeit keine Milch, dann mußte Zauberei im Spiel sein. Das war

■ Haus und Hof, die Zubereitung von Nahrungsmitteln, Geburtshilfe und Kindererziehung waren traditionelle weibliche Arbeitsfelder. Aus diesen Bereichen stammten die Anklagepunkte.

eine weit verbreitete Vorstellung. Ebenso die Idee, daß Hexen nichts Neues erzeugen, sondern lediglich etwas stehlen oder verwandeln könnte. So verdarben angeblich Butter oder Bier unter dem Einfluß bösartiger Zauberei. Das gleiche galt für alle anderen Nahrungsmittel, deren Zubereitung in den Händen der Frau lag. Es ist daher nicht verwunderlich, daß sich die Verhöre immer wieder auf diese ausgesprochen weiblichen Tätigkeitsbereiche beziehen.

Unter allen Handlungen, die sich die Hexen anmaßen, ist kaum eine bedeutendere Sache als das Wettermachen, stellte der französische Jurist Jean Bodin 1580 in seinem Werk über die Hexen fest. Bodins Schrift *De la dèmonomanie des sorciers* (Vom ausgelassnen, wütigen Teufelsheer) hat der deutsche Schriftsteller Johann Fischart ein Jahr nach dem Erscheinen *auß Französischer Sprach treulich inn Teutsche gebracht und an etlichen Enden gemehret und erkläret.* Bodin bringt als Beispiel das schlimme Unwetter, das 1488 im Bistum Konstanz große Verwüstung anrichtete. *Ein überaus starkes Unwetter mit Hagel und Blitzen sei angegangen, so daß im Umkreis von vier Meilen alle Feldfrüchte geschädigt und verwüstet wurden. Das ganze Landvolk beschuldigte daher die Zauberer. Man fing zwei schuldige Frauen, eine hieß Anna von Windelen, die andere Agnes. Als es nun an die peinliche Befragung* (gemeint ist das Verhör unter Einsatz der Folter) *ging, leugneten sie zwar zunächst alles, aber zuletzt, als sie einzeln befragt wurden, bekannte jede von ihnen, daß sie beide am gleichen Tag auf dem Feld gewesen wären, und – als hätte keine von der anderen gewußt – machten sie beide ein Grube, rührten bis zum Mittag ein wenig Wasser hinein, machten es trübe und murmelten dazu etliche Sprüche, deren Inhalt man nicht kennen muß. Dazu riefen sie den Teufel an. Als sie wieder zu Hause*

waren, hätte das Unwetter plötzlich angefangen und den beschriebenen Schaden verursacht. Diese zwei Wettermacherinnen wurden daraufhin lebendig verbrannt.

Soweit Fischarts Übersetzung.

Für die überwiegend von der Landwirtschaft lebende Bevölkerung waren mehrfach aufeinanderfolgende Mißernten existenzbedrohend. Konzentrierten sich Dürre- und Hagelperioden auf eine Region und richteten hier besonders großen Schaden an, dann mußten übernatürliche Kräfte am Werk sein. Anders konnte man sich ein solches Unglück nicht erklären. In Bodins Überlieferung rührten die beiden Hexen ihr Gebräu in einer Grube an, in anderen bildlichen oder schriftlichen Zeugnissen brauten sie das Teufelszeug in Töpfen oder Kesseln.

■ **Die Heilkundigen und Hebammen, die Kenntnisse der Medizin und Geburtshilfe besaßen, gerieten leicht in den Verdacht schadenstiftender Zauberei.**

Dahinter steckte die Idee, daß Naturereignisse durch Nachahmung und Umdeutung beeinflußt werden konnten. Dies mußte nicht notwendigerweise Teufelswerk sein, auch die christliche Kirche kannte viele Rituale und praktizierte sie. Beliebt waren beispielsweise Prozessionen und Gebete, bei denen die Gläubigen Gottes Segen für eine fruchtbare Ernte herbeiriefen. In der katholischen Fronleichnamsprozession hat sich dieser Gedanke bis heute bewahrt.

Wissenschaftlich erwiesen

Unter Juristen und Theologen war der Glaube an die Macht der Hexen selbstverständlich. Einer der bekanntesten Staatstheoretiker des 16. Jahrhunderts war Jean Bodin, der um 1530 im französischen Angers zur Welt kam. Nach einem Theologie- und Jurastudium war er zunächst als Jurist in Paris tätig, später im Dienst des Herzogs von Alencon und wurde schließlich Kronanwalt im nordfranzösischen Laon. Dort wirkte er bis zu seinem Tod 1596. In seinem bedeutenden Werk *Les six Livres de la Ré-publique* entwickelte Bodin den Begriff der staatlichen Souveränität. Damit ebnete er dem Absolutismus geistig den Boden. Hier zeigte sich der nüchterne Denker, in seinem Buch über die Hexen trat er als leidenschaftlicher und von blindem Eifer besessener Gegner der Magie hervor. Das Werk *De daemonomania magorum* wurde in mehrere Sprachen übersetzt. Es war weit verbreitet und beeinflußte auch die Entwicklung der Hexenverfolgung auf deutschem Boden.

Im Sommer 1596 stand in schwäbischen Esslingen Walpurga Hoppenhans, *eine von Jugend an leichtfertige und unverschämte Person* – so notierte es der Schreiber – vor Gericht. Sie war dringend verdächtigt, mehreren Personen in ihrer Umgebung Krankheiten angehext zu haben. Laut Zeugenaussagen hatte sie eine Frau namens Appollina Schuder berührt und dabei verzaubert, daß diese nicht nur starke Schmerzen bekam, sondern auch ihren Verstand verlor. Konrad Wagner soll sie zweimal auf den Rücken geschlagen haben, wovon dieser ganz gebrechlich wurde. Und auf genau die gleiche Art und Weise hatte sie angeblich Barbara, Rauhschnabels Tochter, einen starken Husten angehext. Unter dem Vorwand, ihr helfen zu wollen, brachte Walpurga ihr sogar eine Suppe. Doch davon hatte nur die Hauskatze getrunken, und die war gleich darauf gestorben. Damit nicht genug, soll Walpurga auch die Frau des Tobias Wagner so hart auf den Rücken geschlagen haben, daß sie tagelang weder sitzen noch stehen konnte. Für die Ratsherren war der Fall klar. Hierbei konnte es sich nur um Hexenkünste handeln.

Die Menschen gingen davon aus, daß bestimmte Krankheiten und Todesfälle übernatürliche Ursachen haben mußten. Und noch heute sprechen wir bei plötzlicher Bewegungsunfähigkeit von einem Hexenschuß. Man suchte nach Erklärungen für unerwartet auftretende Krankheiten. Plötzliche Lähmungen, geistige Verwirrung, langes Siechtum und Massensterben wurden auf Zauberei und Magie zurückgeführt. Dabei stellten sich die Leute vor, daß die Hexe durch Berührung, Anspucken und Verfluchen Krankheit oder Tod bringen konnte. Boshaft wie sie war, raubte sie Mensch und Tier die Lebenskraft, um sie für sich selbst zu nutzen. Eine ähnliche Vorstellung steckte hinter dem Bild der kindermordenden Hebamme.

Die Stadt Saulgau am Rande der Schwäbischen Alb zählte in der Frühen Neuzeit nicht zu den wohlhabenden und bedeutenden Zentren. Von der Hexenhysterie blieb sie trotzdem nicht verschont. Unter dem Bürgermeister Johann Dangel standen hier in den Jahren von 1666 bis 1684 46 Menschen vor Gericht, darunter auch die Hebamme Anna Persauter. Sie war angeklagt, mehrere Schwangere, junge Mütter und ihre neugeborenen Kinder verhext zu haben. Zwei Ehepaare gaben an, daß sie eines Abends im Haus der Hebamme zusammengesessen hatten, und diese den beiden schwangeren Frauen Bier in einem sonderbaren Krug angeboten hatte. Eine der Frauen wäre danach wie von Sinnen gewesen, hatte tagelang getobt und gewütet. Schlimmer noch traf es

Zauberkräuter

Die Überzeugung, daß Pflanzen und Kräuter geheimnisvolle magische Wirkung hatten, war weit verbreitet. Sie konnten heilen, verletzen, vergiften und bezaubern. Sie galten als Wohnsitz von Dämonen, Geistern und den Seelen der Verstorbenen. Je nachdem, wie man sie nutzte, konnten sie teuflische oder göttliche Wirkung entfalten. Von überlieferten Rezepten wissen wir, daß in den sogenannten Hexensalben giftige und narkotische Substanzen enthalten waren. So ist zum Beispiel bekannt, daß der Samen des Stechapfels ein beliebter Bestandteil von Liebesgetränken war, weil er erotische Phantasien erzeugte. Dieses Zauberkraut verwendeten die angeblichen Hexen auch zur Herstellung ihrer Flugsalben. Der Genuß war nicht ungefährlich, da das Kraut tödliche Wirkung haben konnte. Gefähliche Zauberkräuter waren auch die Tollkirsche, die Alraunwurzel, der Schierling und der Fingerhut. Daneben gab es unzählige Heilkräuter, wie die Schafgarbe als beliebtes blutstillendes Mittel und der Wermut, der bei Würmern und Verdauungsbeschwerden Abhilfe schaffte. Die Petersilie sollte Dämonen fernhalten. Knoblauch und Petersilie gab man in ein Leintuch, unter dem die Wöchnerin lag, um sie vor Krankheiten zu schützen. Aus Ringelblumen, Rosen- und Lorbeerblättern wurde Liebeszauber hergestellt. Melisse erzeugte schöne Traumbilder und die Mistel, die in der antiken Mythologie eine bedeutende Rolle einnahm, durfte in keinem Zaubertrank fehlen.

die Frau von Peter Störck. Der Ehemann gab an, Anna Persauer hätte seiner Frau bei der Geburt als Hebamme beigestanden. Noch im Wochenbett bekam die Frau einen sonderbaren Ausschlag, so als trüge sie eine *Fastnachtslarve*. Und kurz darauf kam jede Hilfe für sie zu spät. Für den trauernden Ehemann war klar, daß die Angeklagte den Tod verursacht hatte. Eine weitere Denunziantin berichtet, daß die Hebamme ihr neugeborenes Enkelkind umgebracht hatte. Nach der Geburt klebte dem Kind angeblich die Zunge am Gaumen, und die Hebamme schob dem Säugling daher eine mit Ostertaufwasser geweihte Münze in den Mund. Anna Persauer gab dabei vor, Gottes Segen anzurufen, aber allem Anschein nach hatte sie auf den Teufel vertraut, denn das Kind war am fünften oder sechsten Tag nach der Behandlung gestorben.

Weitere Zeugen berichten von ähnlichen Vorfällen, bei denen die Hebamme Krankheiten ausgelöst haben soll, die oft zum Tod führten. Wie die meisten der angeklagten Frauen wies Anna die Vorwürfe zunächst empört von sich. Auch der Anblick der Folterwerkzeuge schüchterte sie nicht ein. Erst als die Scharfrichter sie wiederholt *zu unterschiedlichen Täg und Zeiten [mit] der schweren Pein und Marter* quälten, sagte die Angeklagte, was die Folterknechte von ihr hören wollten: Seit 15 Jahren triebe sie ihr Unwesen. Der Teufel wäre ihr damals in Gestalt eines Pfaffen erschienen und hätte sie verführt. Er verlangte von ihr, daß sie Gott und den Heiligen abschwörte und ihm diente. Von den 118 Kindern, bei deren Geburt sie half, hätte sie sieben umgebracht, die sie namentlich aufzählte. Außerdem hätte sie 16 oder 17 Haustiere mit Hilfe von Zauberei gelähmt. Ihr letzter Gedanke galt dem Wohl ihrer eigenen Kinder, um die sie sich besonders sorgte: *Sie wolle von Herzen gern sterben, zürne an kheinem nichts, sondern bedancke sich vielmehrs, daß man sie von diesem elenden Stand gebracht habe, und bitte allein ein ehrsamer rath, wolle ihm ihre khleine Khinder lassen [an]befohlen sein.*

Am 23. März 1672 wurde das Todesurteil über die arme Seele gesprochen und am darauffolgenden Samstag, 26. März, richtete man sie hin.

Anna Persauers Schicksal war kein Einzelfall. Die Hebammen, die kräuter-

■ Die Geburtshilfe und Frauenheilkunde blieben jahrhundertelang den Frauen vorbehalten.

Der Frauwen

Jll mä zů hilff kömè in schwärer mißlicher harter geburt die mit grossen sorgen /angst vñ nöte beschicht/wie dañ da von gemeldet ist/in. xviij. stucken nacheinander/So müß man merckë solichs so hie nach geschriben stadt.

und heilkundigen Frauen waren besonder<s gefährdet. Einerseits genossen sie große Achtung, andererseits betrachtete man ihr Tun und Treiben mit Furcht und Mißtrauen.

Wer waren die legendären Weisen Frauen?

Sie wußten Bescheid über den menschlichen Körper und kannten sich aus mit Frauenkrankheiten und Geburtshilfe. Die Frau als Helfende und Heilende hat eine lange Tradition. Überlieferungen germanischer Volksstämme gingen meist auf die Geburtshilfe ein. Das ist verständlich, wenn man ihr religiöses Naturverständnis berücksichtigt. Die Gebärende erfuhr besondere Aufmerksamkeit und Zuwendung, denn sie hatte Anteil an dem natürlichen Zyklus von Werden und Vergehen. Die Frau besaß eine besondere Verbindung zu den Elementen, den Bäumen und Quellen, Steinen und Hainen, die eine kultische Bedeutung hatten. Noch im frühen Mittelalter konnten Heilberufe frei ohne Einschränkung auf ein Geschlecht oder einen Stand ausgeübt werden. Und auch in dieser Periode blieben die Bereiche der Frauenheilkunde und Geburtshilfe lange Zeit den Weisen Frauen und Hebammen vorbehalten. Wir wissen aus diesen Jahrhunderten fast nichts über ihre Kenntnisse und Fähigkeiten. Nicht einmal die Tatsache ihrer Existenz fand große Aufmerksamkeit in den Aufzeichnungen. Doch das heißt nicht, daß es sie nicht gab. Wenn wir heute keine schriftlichen Zeugnisse haben, bedeutet das lediglich, daß die schreibkundigen Kleriker nicht interessiert waren oder gar nicht wußten, was während der Geburt, im Wochenbett oder im weiblichen Körper vor sich ging. Möglicherweise gaben die heilkundigen Frauen ihre Erfahrungen und Kenntnisse auch nur untereinander weiter.

Die Bezeichnung Hebamme kennen wir jedenfalls erst seit dem 12. Jahrhundert. Sie leitet sich ab aus dem althochdeutschen Wort *hevianna*. Damit war ursprünglich die Großmutter gemeint, die das Neugeborene aufhebt. Ab

■ Auf dem Höhepunkt des Hexenwahns standen die Hebammen im Ruf, Neugeborene umzubringen und der Mutter zu schaden.

diesem Zeitpunkt tauchen in verschiedenen Regionen des deutschen Sprachgebiets Bezeichnungen wie *Hebamme, Hebemuoter, Wehfrau* und *Kindermutter* und *Weise Mutter* auf. Die *wisen Fruwen*, wie man die Wissenden auch nannte, sorgten sich um die speziellen Belange der Frauen, um Schwangerschaft und Geburt, ihre Krankheiten und Bedürfnisse. Wie es den Anschein hat, zählten die Hebammen in vielen Städten zu den geschätzten und hochgeachteten Bürgerinnen. Die Ratsherren räumten ihnen zahlreiche Vergünstigungen ein, damit sie ihrem Wirkungskreis treu blieben.

Die Hebammen behaupteten sich lange gegen die männliche Konkurrenz. Doch je weiter das Mittelalter fortschritt, um so stärker drängte man die heilkundigen Frauen aus den Bereichen, die ihnen jahrhundertelang vorbehalten gewesen waren. Männer, die den Arztberuf ausübten, übernahmen oder kontrollierten die Geburtshilfe. Seit dem 15. Jahrhundert kennen wir Städtische Hebammenordnungen mit ärztlicher Aufsichtspflicht. Eine der ältesten Hebammenordnungen stammt aus Regensburg und wurde im Jahre 1452 verkündet. Die Frankfurter Hebammenordnung aus dem Jahr 1573 enthielt beispielsweise Bestimmungen zu Ausbildung, zu Verhalten und Lebensführung der Hebammen.

■ Hexen konnten sich durch besondere Kenntnisse und Fähigkeiten von anderen abheben. Doch ebenso häufig gerieten ganz normale Frauen in Verdacht.

Die Geburt, die ursprünglich als freudiges Ereignis von Nachbarinnen, Verwandten und Bekannten begleitet war, wurde zur schmerzvollen und verdienten Strafe degradiert. Denn, so heißt es in der Heiligen Schrift: *Viel Mühsal bereite ich dir, sooft du schwanger wirst, sprach Gott der Herr zur Frau. Unter Schmerzen sollst du deine Kinder bekommen* (Gen 3, 16). In einer Zeit, in der Säuglingssterblichkeit besonders hoch war und viele Mütter noch im Wochenbett starben, standen vor allem die Hebammen im Verdacht, am Tod von Mutter und Kind schuldig zu sein.

Der zutiefst frauenfeindliche Hexenhammer unterstellte den Hebammen grausigen Mißbrauch. *Hexen haben uns bekannt, daß dem katholischen Glau-*

ben niemand schädlicher und gefährlicher sei, als die Hebammen, wenn sie die Kinder auch nicht umbringen, so opfern sie sie doch dem Teufel.

Eine Berner Hexe bekannte vor dem Richterstuhl schier Unglaubliches:

■ Die typische Hexe war
alleinstehend und im
Durchschnitt älter und ärmer
als andere Frauen.

> *Wir stellen vorzüglich ungetauften Kindern nach, auch Getauften, besonders wenn sie durch Gebete und das Zeichen des Kreuzes in Sicherheit gesetzt worden sind. Wenn Kinder in den Wiegen oder bei den Eltern im Bett liegen und tot gefunden werden, so glauben diese, sie hätten sie im Schlaf erdrückt oder sie wären durch eine andere Art ums Leben gekommen. Aber (die Hebammen) haben sie durch Zeremonien umgebracht. Sodann stehlen wir sie heimlich aus dem Grab,*

kochen sie mit Kalk, bis sich das Fleisch von den Knochen löst und gar
geworden ist. Aus den festen Teilen machen wir eine Art Salbe und die
flüssigen füllen wir in eine Flasche. Wer davon trinkt, wird einer von
unserer Sekte.

Was waren die besonderen Kennzeichen der Hexen? Und welche Konflikte
führten zur Anklage? Es ist eindeutig, daß man besonders den Heilkundigen
auch schadenstiftenden Zauber zutraute. *Wer zu heilen weiß, weiß auch zu*
zerstören. Davon war nicht nur der Autor des Hexenhammers überzeugt. Die
Weisen Frauen, die sich mit Kräutern und Heilpflanzen auskannten und
diese nutzbringend einsetzten, mußten auch die schädliche Wirkung kennen. Leicht gerieten sie daher in den Verdacht der schadenstiftenden
schwarzen Magie. Die Legende von der *Hexenhebamme* bot eine einleuchtende Erklärung für den Tod vieler Neugeborener und den trauernden Familienangehörigen darüber hinaus ein Ventil für Schmerz und Rachegefühle.
Einige Wissenschaftler vertraten die Ansicht, daß weltliche und geistliche
Obrigkeit Hand in Hand arbeiteten. Die Weisen Frauen sollten ganz gezielt
vernichtet werden, um jede Art von ungewollter Empfängnisverhütung zu
verhindern. Die These ist heute in dieser Schärfe und Einseitigkeit nicht
mehr haltbar.

An den Rand der Gesellschaft gedrängt war die Hexe allen Angriffen schutzlos ausgeliefert

Die Vorstellung von der Hexe als einem bösartigen alten Weib hat sich hartnäckig bis in unsere Zeit gehalten. Wie alt die Angeklagten tatsächlich waren,
wurde in den Gerichtsprotokollen nicht immer notiert. Für die Menschen
damals war es ein unwichtiges Detail. Historiker gehen heute davon aus, daß
weit mehr als die Hälfte der angeblichen Hexen über 50 Jahre alt war und

■ Arm alt und ausgestoßen –
das war oft das Los der als
Hexe verschrieenen Frau.

damit ein für die Frühe Neuzeit stattliches Alter erreicht hatten. Einige sind der Ansicht, daß die älteren Menschen mit ihrem teils exzentrischen, teils senilen oder unsozialen Verhalten den Verdacht besonders häufig auf sich lenkten. Eine sonderbare Alte, die schon wegen ihres Aussehens oder Verhaltens als Hexe verschrieen war, sah in der Furcht vielleicht ihr letztes Mittel, um sich wenigstens etwas Respekt zu verschaffen, wenn sie schon kein beliebtes Mitglied der Gemeinschaft war.

Unter den Verurteilten waren Verheiratete, aber auch viele Ledige und Witwen. Untersuchungen zufolge stieg der Anteil der alleinlebenden Frauen im Spätmittelalter stark an, in einigen europäischen Regionen sogar auf 20 Prozent. Die Alleinstehenden zählten oft zu den Ärmsten und stellten ein großes soziales Problem dar. Bittere Armut prägte in der Frühen Neuzeit den Alltag vieler Menschen. So wundert es nicht, daß *elende alte Frauen, Bettlerinnen, die in den Tälern von Kastanien und wilden Kräutern lebten* – wie ein italienischer Chronist berichtete – schnell den Verdacht der Hexerei auf sich lenkten. Persönlichen Angriffen waren sie viel stärker ausgesetzt als jene Frauen, die in die Dorfgemeinschaft integriert waren und in stabilen Bindungen lebten.

Andererseits war keine verheiratete Frau vor dem Verdacht auf Zauberei geschützt, wie das traurige Beispiel der Ursula Rüdiger aus Miltenberg zeigte. Am 14. März 1628 verhörte der Amtmann die Tochter des Stadtschreibers zum ersten Mal. Sie war zu dem Zeitpunkt 40 Jahre alt, verheiratet mit dem erzbischöflichen Kammerschreiber und zählte zu den angesehenen und wohlhabenden Bürgerinnen der Stadt. Sechs Kinder hatte sie großgezogen. War die Frau beim ersten *gütlichen* Verhör zu keiner belastenden Aussage bereit, so brach ihr Widerstand sechs Tage später unter dem Druck der Folter sehr schnell. Ihr Geständnis glich im Wesentlichen dem anderer Hexen. Am 28. März, nur 14 Tage nach ihrem ersten Verhör, starb Ursula Rüdiger auf dem Scheiterhaufen. Und die Gründe für ihren Tod? Hatte sie aus irgendeinem

Grund den Zorn ihrer Mitmenschen oder Neid der Nachbarn erregt? Unterschied sie sich in ihrem Verhalten von der Norm? Oder war sie einfach ein weiteres unglückliches Opfer der Denunziation? Die Quellen schweigen hierzu.

Meist alt, lahm, triefäugig, bleich, übelriechend und voller Runzeln. Hager und mißgestaltet, mit trübsinnigem Gesicht, ein Horror für alle, die sie erblicken. So wie Reginald Scot stellten sich viele seiner Zeitgenossen die typische Hexe vor. Aber auf dem Höhepunkt des Wahns war keine Frau vor

Verfolgung und Verbrennung geschützt. Reiche wie Arme, angesehene Bürgerinnen und am Rande der Gesellschaft lebende Bettlerinnen stiegen im Büßerhemd auf den Scheiterhaufen.

Aus alltäglichen Streitigkeiten entwickelten sich Anschuldigen, die zu lebensgefährlicher Bedrohung werden konnten. So zog sich ein Wasserdieb aus Donsbach den Ärger seiner Nachbarin Barbara Jung zu. Als sie ihn auf frischer Tat ertappte, rief die Frau zornig aus: *Liege, du sollst mir halten oder soll schad sein, daß ich die schwarzen Augen im Kopf habe.* Der gekränkte Dorfbewohner, den kurze Zeit später ein Gebrechen plagte, schob die Schuld dafür der Nachbarin in die Schuhe. Damit war das Todesurteil über die Frau praktisch schon gesprochen.

In dem Zusammenhang wurden Hexenvorstellungen mit dem traditionell negativen Frauenbild verknüpft. Streitsucht, ein böses Maul und der Hang zum Verfluchen kennzeichneten sie. Charakteristisch war auch, daß die bösartige Frau heimlich handelte, während man Männern eher zutraute, daß sie ihre Konflikte in der offenen Auseinandersetzung regelten.

Mittlerweile geht die Forschung davon aus, daß sich die Vorwürfe vor allem auf solche Frauen konzentrierten, die exzentrischer und agressiver wirkten, – die, die sich eben nicht in das Idealbild von Sanftmut und Tugendhaftigkeit einfügten. Sicherlich spielten auch Mißgunst und Rachegefühle neidischer Nachbarn eine große Rolle, wenn sich der Verdacht auf eine bestimmte Person konzentrierte, wie bei dem Verfahren gegen die Witwe Barbara Jung aus Donsbach. Wie aus der Zeugenvernehmung hervorgeht, stammte die Angeklagte nicht aus dem Ort. Auch über ihre Eltern war nichts bekannt. Bis zu ihrem Tod auf dem Scheiterhaufen blieb die Frau anscheinend eine Fremde, die nicht in die Dorfgemeinschaft inte-

griert war. *Der Mehrerteil der Nachbarn habe sie, Barben, im Verdacht der Zauberey gehalten, und sey darvon ein gemein Gerücht und Gemümmel under den Nachbarn im Dorf Donsbach gewesen.*

Wie die Gerüchteküche brodelte und die Frau letzlich in den Tod trieb, enthüllt der Prozeß. Barbara Jung stand schon im Verdacht der Zauberei, als sie mit der Zeugin Katharina Tieln gemeinsam das Vieh auf die Weide trieb. Katharina erwähnte, daß sie den bei der Gelegenheit angebotenen Kuchen ablehnte, mit der Begründung, er hätte sie angeekelt, weil er *nicht allein etwas weich und gar bedeumelt* [zerdrückt], *sondern auch Barb in so bösem Gerücht gewesen, insonderheit aber ihr, der Zeugin Kreinen, weder vor oder nach von ihr, Barben, ichtwas besonders von Essenspeis angeboten worden.* Den Kuchen hatte die Zeugin den Schweinen vorgeworfen, und prompt erkrankte daraufhin eines. Auf ebenso geheimnisvolle Weise war vor einiger Zeit eines ihrer Kälber gestorben, das die Angeklagte zuvor berührt hatte. Dahinter konnte nur heimtückischer Zauber stecken, glaubte die Zeugin. Außerdem beschuldigte sie die Angeklagte des Ehebruchs. Dieses Gerücht bestätigte ihre Schwester, die 25jährige Barbara Immel. Angeblich war Barbara Jung vor vier Jahren mit einem Dorfbewohner namens Hermann Ningel fremdgegangen. Mit den Fingern hatten die Nachbarn damals auf die Angeklagte gezeigt, wobei die betrogene Ehefrau von Hermann Nigel anscheinend eine entscheidende Rolle in dem Intrigenspiel einnahm. Öffentlich hatte sie der Angeklagten Zauberei vorgeworfen und so das Gerücht verstärkt. Da half auch das gute Zureden des Pfarrers nicht, der in dem Streit vermitteln wollte. Ein dritter wichtiger Zeuge war Barbara Immels Patenonkel, Jost Vesch. Er gab an, daß die Angeklagte ihn verflucht und damit seine lange und schwere Krankheit ausgelöst hätte. Das Unglück nahm seinen Lauf, als Vesch vor 12 Jahren zum Bewässern seiner Wiese Wasser von dem angrenzenden Grundstück, das Frau Jung gehörte, holte. Als er die Frau näherkommen sah, duckte sich der Wasserdieb ins hohe Gras, konnte aber nicht verhindern, daß die Nachbarin ihn ertappte und mit unbedachten Worten verfluchte. Als Vesch einige Tage später starke Schmerzen in den Beinen spürte, konnte dies seiner Ansicht nach nur auf die bösartige Zauberei der Hexe zurückzuführen sein.

Alle drei Zeugen konnten ihr Mißtrauen und ihre Abneigung gegenüber der Angeklagten nicht verbergen. Obwohl sie schon 40 Jahre in Donsbach lebte, blieb Barbara Jung bis zu ihrem Tod eine Fremde im Dorf. Vesch gab an, *daß sie zänkisch und darbey gar einsam sey; man hab nit gern mit ihr zu tun.* Anscheinend mieden Männer und Frauen die Außenseiterin. Als dann unerklärliche Krankheiten und Todesfälle auftraten, war die Schuldige schnell ausgeguckt. Für Jost Vesch, den die angebliche Hexe beim Wasserdiebstahl ertappt hatte, bot sich außerdem die einmalige Gelegenheit, eine alte Rechnung zu begleichen und die Frau zu vernichten.

Der Prozeß ist ein erschreckendes Beispiel dafür, wie Streitigkeiten im Bekanntenkreis, in der Dorfgemeinschaft oder auch im engsten Familienkreis auf dem Boden der Hexenverfolgung ausgetragen werden konnten. Neid, Rache und unverhohlener Haß waren die Triebkräfte. Und nicht selten riß die Hexe mit ihren Besagungen weitere unschuldige Menschen in den Tod. In einigen Fällen erpreßten die Scharfrichter die Namen weiterer Opfer unter der Folter, in anderen zeigte die verbitterte Angeklagte mit voller Absicht andere Menschen an. Sie bäumte sich ein letztes Mal auf und rächte sich für die erlittenen Demütigungen.

Kinderhexen

Eine Welle von Hexenprozessen hielt am Ende des 17. Jahrhunderts die württembergische Stadt Calw in Atem. Sie nahm ihren Anfang, als etliche Kinder im Alter von sieben bis zehn Jahren glaubhaft versicherten, daß böse Dämonen sie nachts auf Böcken, Katzen oder Ofengabeln zum Hexensabbat schleppten. Dort würden sie gezwungen, am Hexenmahl teilzunehmen, Gott abzuschwören und den Teufel anzubeten. Die entsetzten Eltern wollten anfangs ihren Ohren kaum trauen. Sie wachten über den Schlaf und hielten ihre Kleinen, die zum Teil von krampfartigen Zuckungen gequält wurden, nachts im Arm. Trotzdem konnten sie die nächtlichen Ausfahrten anscheinend nicht verhindern. Es geschah, *daß wann ein Kind, ob es gleich in seiner Eltern Armen, oder vor ihren Augen die Nacht hindurch geschlaffen, des Morgens gesagt, es seye von dieser oder jener Person auf dem Rücken oder auf einer Gabel hinaus geführet worden, und habe diese oder jene Person auf dem Hexentanz gesehen.* Immer phantastischere Geschichten machten die Runde und immer mehr Kinder verfielen dem Wahn. Eltern, Lehrer und Geistliche reagierten mit Bestürzung und Ratlosigkeit. Wer war schuld an diesem Drama?

Veit Jacob Zahn, ein 11jähriger Junge mit einem Hang zur Melancholie, lieferte die plausible Erklärung. Als seine Mutter ihn eines Tages verprügelte, gab er der Magd gegenüber zu, daß ihm ganz Recht geschähe. Er hätte *noch Ärgeres getan* und die Mutter würde *ihn wol härter züchtigen,* wenn sie es wüßte. Verwandte und Bekannte setzten dem Jungen solange zu, bis die schier unglaubliche Geschichte an den Tag kam. Ein Besuch im Haus der Witwe Anna Haffnerin, bekannt als die Mufflerin war ihm zum Verhängnis geworden. Die alte Frau und ihr damals 10jähriger Stiefenkel Barthlin Süb hatten sechs Jahre zuvor schon einmal Verdächtigungen, Anklage und sogar Folterqualen über sich ergehen lassen müssen. Damals waren sie aus der Stadt gejagt worden. Sie kehrten allerdings nach kurzer Zeit zurück, da sie nirgendwo anders ihr Auskommen fanden. Die Gerüchte über die angeblichen Hexenkünste waren nie ganz verstummt. Daher ist verständlich, daß Veit Jacobs Beschuldigungen auf fruchtbaren Boden fielen. Die Mufflerin hätte ihm eine schwarze Gabel gegeben, mit der er sich blutig kratzen mußte, berichtete der Junge. Die Alte fing einen halben Löffel davon auf und sie behandelte die Wunde mit Pilzsporen und Salbe. Im Beisein ihrer beiden Töchter Ursula und Agnes sowie ihres Enkels Barthlin taufte sie den Jungen in Teufelsnamen. Er sollte von jetzt an Sebul heißen und mußte ihr nachsprechen: *Du verfluchter Jesus, du Schelm, du Dieb.* Sie war es auch gewesen, die ihn in die Zauberkunst einweihte und in der folgenden Nacht mit zum Hexensabbat nahm. Zu dem schändlichen Tun und Treiben hatten sich etwa 100 Männer, Frauen und Kinder aus Calw und Umgebung versammelt. Unter den Gästen waren viele Kinder und Jugendliche. Ungefähr die Hälfte von ihnen kannte Veit Jacob mit Namen.

Die bestürzten Eltern, die ihre Kinder daraufhin zur Rede stellten, hörten grauenhafte Geschichten. Nachdem man ihnen lange genug zugesetzt hatte, gaben alle Kinder zu, *daß sie auch nachts draussen gewesen waren.* Ihr Anführer wäre der mittlerweile 16jährige Barthlin Süb gewesen. Er hätte sie in die Zauberkünste eingeweiht. Ihre Geschichten stimmten in zahlreichen Details mit dem überein, was man aus Barthlins früheren Verhören schon wußte. Innerhalb von vier Tagen stand die Stadt kopf. Die Minderjährigen gaben zu, daß sie zur Teufelstaufe und -anbetung gezwungen worden waren, wobei jeder von ihnen Christus als *Hund, Schelm und Dieb* verfluchte. Das eigene Blut spielte bei der Zeremonie eine wichtige Rolle. Der achtjährige Hanß Jacob Bozenhard erklärte, daß die Mufflerin das Blut der Kinder mit Wasser verdünnte und ihnen bei der Taufe ins Gesicht spritzte. Die 12jährige Anna Margaretha Benz mußte sich ihr Blut aus dem Schenkel kratzen, ihr jüngerer Bruder Jacob Christoph gab an, daß Bartlin ihn blutig geschlagen hätte. Mit seinem eigenen Blut mußte der Junge seinen Namen schreiben. Anschließend wurden die Geschwister dem Teufel geweiht, der wahrhaftig einen schreckenerregenden Anblick bot mit zwei Hörnern, haarigen Füßen und einer Sackpfeife unter dem Arm. Bei den übrigen Befragungen kamen ähnliche Geschichten ans Licht.

Zunächst versuchten die Eltern gemeinsam mit Pfarrern, Predigern und der weltlichen Obrigkeit das Unwesen einzudämmen. Vermehrte Gebetsübungen und Gesangstunden sollten die Kinder auf den rechten Weg zurückbringen. Doch obwohl die Kleinen unter Tränen Reue zeigten und tagsüber willig an den geistlichen Übungen teilnahmen, konnten sie sich dem teuflischen Wahn anscheinend nicht entziehen. Die Situation war auf Dauer unerträglich. In ihrer Not suchten einige protestantische Eltern sogar bei den Kapuzinern im benachbarten Teil der Stadt Hilfe. Sie ließen ihre Kinder mit Weihwasser besprengen, nahmen Salbe, zauberkräftige Zettel und Amulette in Empfang. Die protestantische Geistlichkeit war entrüstet angesichts solchen Aberglaubens. Aber sie wußte auch keinen Rat. Mit jedem Tag wuchs die Zahl der verhexten Kinder und Erwachsenen, so daß die Ratsherren bald gar nicht mehr allen Anschuldigungen nachgehen konnten. Die Räte der Stadt Stuttgart nahmen sich des Problems an. Sie hatten aber auch keine Lösung. Schließlich griffen Tübinger Juristen ein.

Am 22. November 1683 forderten sie die Calwer auf, die Mufflerin zu verbrennen und ihren Enkel dazu. Denn diese beiden wären schuld an dem ganzen Unglück. Sie hätten sich selbst dem Teufel verschrieben und zahllose Calwer Kinder verführt. Das Hohe Gericht machte kurzen Prozeß. Schon bald loderten die Flammen, in denen die Witwe Anna Haffnerin und ihr Enkel Bartlin Süb ein jämmerliches Ende fanden. Doch was sollte mit den beiden Töchtern Agnes und Anna geschehen? Die Stadtherren wollten sie heimlich aus Calw fortschaffen, aber die aufgebrachte Menge machte ihnen einen Strich durch die Rechnung. Kaum hatten sie die Stadtmauern hinter sich gelassen, bewarf der Pöbel die beiden Frauen mit Steinen und mißhandelte sie dermaßen, daß Anna auf der Stelle an den Verletzungen starb. Agnes, Bartlins Mutter, wurde schließlich über den Rhein abgeschoben.

Dennoch kehrte die gewünschte Ruhe nicht ein. Auch nach dem Ende des Prozesses um die Mufflerin beschuldigten Calwer Kinder weiterhin sich und andere der Hexerei, ehrbare Bürger denunzierten einander. Um dem Übel endlich ein Ende zu bereiten, beauftragte der württembergische Herzog im Jahre 1684 eine Expertenkomission aus vier Juristen und dem Theologen Georg Heinrich Heberlin. Dieser hatte sich bereits eingehend mit den Calwer Verhältnissen befaßt und erkannt, daß einige der besessenen Kinder schon vor der Teufelsweihe besonders ungehorsam und rebellisch gewesen waren, andere erst nachher nicht mehr beten und gehorchen wollten. Heberlin ermahnte die Eltern erneut, ihre Kinder zu *wahrer Gottesfurcht* anzuleiten. Er empfahl vermehrt Bet- und Gesangstunden. Nachhilfeunterricht sollte die Wissenslücken der verhexten Kinder schließen. Und schließlich zeigten die Bemühungen auch Erfolge. Immer seltener berichteten die Kleinen von phantastischen nächtlichen Erlebnissen, bis die Calwer nach zwei Jahren endlich ganz vom Hexenwahn befreit waren.

■ Die Vorstellung, daß sich Hexen besonders gerne an kleinen Kindern vergingen, war weit verbreitet.

200 Jahre zuvor hätte die Calwer Prozeßwelle sicher einen ganz anderen Verlauf genommen oder in dieser Form gar nicht stattgefunden. Denn zu Beginn der Verfolgungen richtete sich die Anklage hauptsächlich gegen religiöse Minderheiten, und später standen vor allem Frauen im Verdacht der Zauberei. Erst seit dem Ende des 16. Jahrhunderts hatten Minderjährige eine wichtige Funktion in den Hexenprozessen. Lange Zeit schenkten Historiker den Kinderhexen keine Beachtung. Erst in den letzten Jahren fragten vorwiegend Theologen und Soziologen nach ihrer Bedeutung. Welche Rolle spielten die Kinder in den Prozessen und was war der Auslöser?

Kinder galten als besonders gefährdet, weil sie hilflos, schwach und anfällig für jede Art von Zauberei waren

Die volkstümliche Vorstellung ging stets von einer besonderen Nähe der Hexe zum Kind aus. Der Gedanke von kinderbedrohenden Dämonen hatte eine lange Tradition. Kindermordende und -fressende nächtliche Wesen hatten ihren festen Platz in der orientalischen wie der antiken und germanischen Vorstellungswelt. In der antiken Mythologie hießen sie beispielsweise Hekate und Lamia, Göttinnen, die in der Unterwelt lebten. Der germanische Volksglaube kannte sie als Unholda oder Perchta. Allen diesen nachtfahrenden weiblichen Wesen war gemeinsam, daß sie sich an schutzlosen Kindern vergingen. Zunächst bekämpfte die Kirche den volkstümlichen Aberglauben, doch im Laufe der Zeit griff sie einige charakteristische Merkmale auf und übertrug sie auf die christliche Hexe.

Die Menschen der Frühen Neuzeit glaubten, daß die Hexen am liebsten die Kleinsten, die unschuldigen und ungetauften Kindern raubten und töteten. Denn sie besaßen allem Anschein nach magische Kräfte. Die Kleinen würden zerstückelt, gekocht, zu *Schmier,* d.h. Salbe oder Pulver verarbeitet, mit deren Hilfe die niederträchtigen Dämonen sich in die Lüfte erheben und ihre Schandtaten vollbringen konnten. *Sie nehmen tote Kinder, sieden sie oder stoßen sie zu Pulver. Es muß einer von Anfang an lernen,* erklärte Magdalena, die Ehefrau Michael Schloßmanns aus Bürgstadt am Main. Die Miltenberger Hexe Ottilia Butschbecherin gestand, daß sie *ihre eigene Leibesfrucht wiederum ausgegraben und zu zauberischer Schmier sieden helfe.* Geradezu schauerlich klingt das Bekenntnis der Schmiersiederin Ursula Ulrich, die ebenfalls aus Bürgstadt stammte und 1627 hingerichtet wurde:

Uff sechs Jahr, als sie das erste Kind von jetzigem Mann getragen, sei sie mit Gras heimgegangen und gefallen, darüber ihr dasselb Kind so noch nit übern halb gewesen abgegangen. Uff dem Kirchhoff begraben lassen, sie sei bei Nacht uffm Stecken dahin gefahren, solches wiedrum ausgegraben. Bei Tag in der Küchen, Haut und Bein miteinander in einem Hafen uff zwei oder drei Stund in Teufels Namen gesotten, gesagt, da siede sie die Schmier in Teufels Namen, damit sie mit nausfahre, und die Schmier daraus gemacht.

Außerdem gaben die Hexen zu, Kinder verführt und dem Teufel geweiht zu haben. Nicht selten waren sie selbst bereits im zarten Alten mit dem Bösen in Berührung gekommen. Die unglücklichen Kinder, die eine verhexte Mutter oder Großmutter hatten, gerieten viel eher in Verdacht als jene, die nicht aus einer Hexenfamilie stammten. Die Frage nach der Kinderschädigung gehörte denn auch zum Standartrepertoir der Inquisitoren und tauchte in allen Verhören auf.

 ***Ob sie nit ihre leibliche oder andere Kinder zue dem endt umbbringen, warmit auch waß antrieb solches geschehe? Ob, wo und zu waß Zeiten sie zue ausgrabung der verstorbenen Kindtlein uff***

den Kirchhöffen, ob sie sich ohnsichtbar machen oder wie es sonsten darbei gehalten werde? Wie sie es mit den ausgegrabenen Kindtlein haußen, undt umbgeben, ob sie nit dießelbigen finden, warin, wie lang, an waß for einem orth, zue hauß oder zue feldt, bei tag oder bei nacht?

So, wie im kurmainzischen Miltenberg, oder ähnlich klangen die Fragen im Kreuzverhör. Die Frauen wurden so lange gequält, bis sie schließlich zugaben, was ihre Peiniger von ihnen hören wollten und am Ende vielleicht selbst glaubten, Kinder mißbraucht und getötet zu haben.

Einige Wissenschaftler gehen heute davon aus, daß die grundsätzliche Ablehnung der Sexualität durch die Kirche verantwortlich war für die Hexenphantasien. Fleischeslust wurde verteufelt, und das in Sünde empfangene Kind war besonders gefährdet. Die Erfindungskraft verstörter Gemüter kannte keine Grenzen.

Kinder als Opfer und Täter

Ein entscheidender Einschnitt war die große Trierer Verfolgung, die im Jahre 1585 begann. Diesmal waren es nicht allein erwachsene Unholde, die sich verantworten mußten. Auch zahlreiche besessene Kinder standen vor Gericht. Sie bezichtigten sich selbst der Zauberei und denunzierten andere Erwachsene und Kinder. Sie wären auf dem Besen geritten, hätten am Hexensabbat teilgenommen und Schadenszauberei betrieben. Mit einem Wort, Kinder waren nicht mehr wie bisher ausschließlich Opfer, sondern auch Täter. Historiker haben nachgewiesen, daß Kinderhexen in den späteren Prozessen einen entscheidenden Anteil ausmachten. Die Kinder konnten dabei doppelte Funktion haben. Sie wurden der Zauberei verdächtigt, konnten aber auch selbst eine Verfolgungswelle in Gang bringen. Und das war neu. Im 17. Jahrhundert stieg der Anteil der Minderjährigen,

■ In der Anfangszeit der Verfolgungen zählten Kinder meist zu den Opfern der Hexenkünste. Erst am Ende des 16. Jahrhunderts übernahmen Minderjährige einen neuen aktiven Part in dem Drama.

die in Hexenprozesse verwickelt waren, überproportional an, wie beispielsweise im Calwer Prozeß, der von 1683 bis 1684 andauerte. Auch im schwedischen Dorf Mora, in der englischen Grafschaft Essex und schließlich im amerikanischen Salem griff die Besessenheit der Kinder Ende des 17. Jahrthunderts um sich. Das Phänomen war also nicht auf einen bestimmten Landstrich begrenzt, sondern weit verbreitet. Häufig zeigten sich die Kinderhexen selbst an. Doch dabei blieb es nicht. Sie waren behilflich beim Aufspüren und Überführen erwachsener Zauberer, traten als Kläger und Zeugen auf – kurz, sie waren willige Werkzeuge in den Händen der Hexenjäger.

Wie kam es, daß sich aus den unschuldig hingeschlachteten Opfern mit einem mal eifrige Denunzianten und kleine Verbrecher entwickelten?

Der 15jährige Eric Ericsen aus dem Dorf Mora in der schwedischen Provinz Elfdalen konnte nicht wissen, welches Verhängnis er mit seinen ungeheuerlichen Phantasiegeschichten einleitete. Im Sommer 1669 beschuldigte der Junge die 18jährige Gertrud Svensen, Kinder zu rauben und dem Teufel zu übergeben. Er hatte seine Anklage kaum ausgesprochen, da fielen andere Jungen und Mädchen ein. Sie beschuldigten sich selbst der Zauberei und denunzierten Erwachsene, die sie angeblich mit zum Hexensabbat genommen hatten. Auf dem Blocula, einer geheimnisumwitterten, großen grünen Wiese, erschien jede Nacht der Teufel, der von seinen Anhängern vor allem eins forderte: Kinder! Nicht nur die eigenen Kinder sollten die Hexen dem Teufel bringen, sondern Nacht für Nacht verlangte er von jeder 15 oder 16 neue unschuldige Opfer. Erst dann war er zufrieden, Mahl und Tanz konnten beginnen. Daran durften aber nur die erwachsenen Hexen teilnehmen, die Kinder mußten zuschauen. Als sie von den grausigen nächtlichen Erlebnissen ihrer Kleinen hörten, gingen die ver-

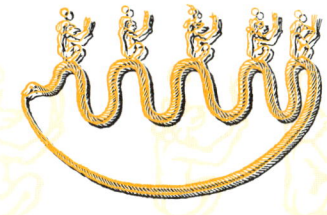

zweifelten Eltern bis zur höchsten Instanz und baten um Hilfe für ihre Kinder. Der schwedische König selbst nahm sich der Angelegenheit an. Die Ermahnung, mehr zu beten, half aber nicht, die Besessenheit einzudämmen. Daher kümmerte sich eine eigens eingesetzte Kommission um die Vorfälle. Die königlichen Richter wollten ihren Ohren kaum trauen, als sie hörten: Der Teufel in eigener Person verführte die Kinder, *daß sie sich untereinander verheyrathen und miteinander buhlen müssen.* Waren die Kinder sechsmal zum Geschlechtsverkehr mit erwachsenen Hexen gezwungen worden, so mußten sie anschließend andere Kinder verführen und dem Teufel übergeben. Auch der Teufel hatte Nachkommen, die er zum sexuellen Verkehr anhielt, wußten die Kinder zu berichten. Aus dem dämonischen Beischlaf entstanden aber nur Kröten und Schlangen, keine menschlichen Wesen. 70 Hexen konnten die Kinder namentlich nennen. 23 von ihnen wehrten sich nicht lange gegen die Vorwürfe. Die übrigen 47, die hartnäckig leugneten, mußten so lange in der Folterkammer ausharren, bis sie ihre Untaten gestanden hatten und damit zum Tod verurteilt werden konnten. Auch 15 Kinder verbrannten auf dem Scheiterhaufen. Weitere 36 mußten monatelange öffentliche Züchtigungen über sich ergehen lassen. Sonntag für Sonntag wurden sie vor dem Kirchenportal ausgepeitscht, und die gaffende Menge stand daneben. Ihr Schicksal sollte als abschreckendes Beispiel dienen. Nur die Kleinen, die jünger als neun jahre waren, kamen mit einer milderen Strafe davon.

Einmütig verurteilten geistliche und weltliche Obrigkeit Hexerei als ein besonders abscheuliches Verbrechen, doch es gab im gesamten christlichen Europa der frühen Neuzeit keine Einigkeit darüber, wieweit Minderjährige für ihre Taten bestraft werden konnten. Vor allem in der Anfangszeit der Verfolgungen sahen die Richter in den Kindern vorwiegend die Opfer der Zauberei und ermahnten die Eltern, ihre verführten Schützlinge wieder auf den rechten Weg zu bringen.

■ Im 16. Jahrhundert änderte sich die rechtliche Stellung der Minderjährigen. In den Hexenprozessen hatte ihre Aussage volle Beweiskraft, und sie waren selbst verantwortlich für ihre Taten.

In der Peinlichen Halsgerichtsordnung Kaiser Karls V. von 1532,
kurz *Carolina* genannt, war festge-
legt worden, daß all diejenigen, die
sich der Zauberei schuldig gemacht
hatten, mit dem Tod bestraft wurden. Neben der kaiserlichen Geset-
zessammlung gab es allerdings in
allen Ländern des Deutschen Reiches Partikularrechte. Die Juristen
legten die Gesetze oft nach eigenem
Gutdünken aus. In der Carolina war

festgeschrieben, daß ein Dieb, der jünger als 14 Jahre war, normalerweise
nicht zum Tod verurteilt werden sollte, es sei denn, seine *üble Natur*
erlaubte keine Nachsicht. Mit dem 14. Lebensjahr, also mit der Ge-
schlechtsreife setzte die volle Schuldfähigkeit ein. Erst in dem Alter sollten
sie auch als Zeugen in vollem Maße anerkannt sein. Doch die belastenden
Aussagen von Kindern hatten, vor allem in kirchlichen Prozessen, traditionell Gewicht, auch wenn sich Richter und Inquisitoren bemühten, ihre
Anklagen durch erwachsene Zeugen abzusichern.

Seit Beginn der Verfolgungen hatten Hexenjäger und Prediger zur
Denunziation aufgerufen. Kindern und Erwachsenen schärften sie ein,
keine Rücksicht auf familiäre Beziehungen zu nehmen, sondern alle Teu-
felsanbeter und Satansdienerinnen schonungslos anzuzeigen. Vor allem
bei den Kindern fielen diese Worte auf fruchtbaren Boden. Nicht selten
beschuldigten sie die, die ihnen am nächsten standen: Die Mutter, den
Vater, die Tante und die Großmutter, seltener den Großvater. Pfarrer und
Lehrer, die überzeugt waren, daß das Böse mit allen Mitteln aus der Welt
geschafft werden müßte, unterstützten das Vorgehen. In Anlehnung an den

Fragenkatalog für erwachsenen Unholde, gab es Anleitungen, wie Kinder und Jugendliche ins Kreuzverhör zu nehmen waren.

Die Kinder, welche Hexen und Zaubern können, muß man ganz glimpflich und mit Anstellung einer habenden Curiosität besprechen. Nämlich wie sie heißen? wie alt wie ihre älteren, ob sie den Vater oder die Mutter lieb haben, warum? was sie unter Tags machen, Spielen, Treiben? wer zu ihnen komme? warumen sie dermalen nicht zu Haus bey dem Vater, Mutter, sondern hier im Amtshaus sich befinden? was sie Nämlich da und da mit diesen getrieben? in wem es bestanden? was, wie er es gemacht? wer es ihme gelehrt wann? wo? wer dabei gewesen? wie oft sie es gemacht? wer es gewußt? sie werden noch mehrers können, sollen auch dieses erzehlen? wie lang das Wetter gedauert? wem es vermeint gewesen? und geschadet? zu wem sie Mäuß geschickt? warummen? wer ihnen hierzu die sachen gegeben? ob dem Menschen? dem Vieh etwas geschehen? wie er ausgeschaut? was ere angehabt? was ine mit ihme gesprochen? wie oft sie auf den Tanz gewesen? mit wem? wer sie hingeführt? was sie noch aldorten gethan? was ihnen dieser und jener, auch der Teufel versprochen?

So lautete der Fragenkatalog der Kurbayrischen Malefiz-Ordnung von 1769. Und entsprechend dieser oder ähnlicher Richtlinien nahmen Inquisitoren in ganz Europa Kinder ins Kreuzverhör.

Die Strafe für die Jungen und Mädchen bestand während der Anfangsphase der Verfolgungen neben der öffentlichen Auspeitschung vor allem in christlicher Unterweisung. Vom regelmäßigen Beten und Singen unter Aufsicht erhofften sich die Erzieher eine Hinwendung zum Guten. Nur Kinder, die sich zu besonders unchristlichen und widernatürlichen Untaten hatten hinreißen lassen, wurden mit dem Tod bestraft. Dazu zählten neben der Teufelsanbetung vor allem der Geschlechtsverkehr mit Dämonen, Hexen und ihresgleichen. Öffentliche Hinrichtungen sollten als abschreckendes Beispiel dienen. Die

■ Die Todesstrafe für jugendliche Verbrecher war anfangs die Ausnahme. Erst später verbrannten auch Kinderhexen auf dem Scheiterhaufen.

Kinder wurden gezwungen zuzusehen, wie ihre mitangeklagten kleinen Freunde und Bekannten verbrannten. Die Todesangst, die ihnen dabei im Gesicht geschrieben stand, sollte sie von weiteren Verbrechen abhalten.

Welche Umstände waren dafür verantwortlich, daß die Kinder am Ende des 16. Jahrhunderts eine wichtige und aktive Rolle in den Prozessen übernahmen? Eine neuere Forschungsrichtung, die vor allem Hartwig Weber und Hans Sebald vertreten, sieht hinter den agressiven Anklagen der Kinderhexen den klassischen Generationenkonflikt. Die Kräfte der Reformation und Gegenreformation versuchten, Moral und Disziplin mit aller Strenge aufrechtzuerhalten. Sie unterdrückten dabei ganze Generationen von Kindern und Jugendlichen in Europa und der Neuen Welt. Die rebellierenden Minderjährigen sollten entweder auf den rechten Weg zurückgebracht oder vernichtet werden. Es liegt in der Natur des Menschen, sich gegen diese einengende Disziplin zu wehren. Die brutalen Methoden verstärkten die Agressionen der Kinderhexen, auf die immer härtere Strafen folgten. Es war „eine Revolte mit ausgesprochen antikirchlicher Tendenz". So beurteilt Weber die Situation. Aus dem Teufelskreis gab es kaum ein Entrinnen.

Bischof Binsfelds Schrift brachte sogar Kinder vor Gericht

Im Deutschland des 16. Jahrhunderts war der Hexenhammer immer noch richtungsweisend für

■ Der Trierer Weihbischof Peter Binsfeld stellte im 16. Jahrhundert juristische Überlegungen an und leitete damit eine neue Phase der Hexenverfolgung ein.

TRACTAT

Von Bekanntnuß der Zauberer vnd Hexen. Ob vnd wie viel denselben zu glauben.

Anfängklich durch den Hochwürdigen Herrn Petrum Binsfeldium, Trierischen Suffraganten, vnd der H. Schrifft Doctorn, kurtz vnd summarischer Weiß in Latein beschrieben.

Jetzt aber der Warheit zu stewr in vnser Teutsche Sprach vertiert, durch den Wolgelerten M. Bernhart Vogel, deß löblichen Stattgerichts in München, Assessorn.

EXOD XXII. CAP.
Die Zauberer solt du nicht leben lassen.

Gedruckt zu München bey Adam Berg.
ANNO DOMINI M. D. XCI.
Mit Röm: Bay: & Nayst Freyheit, nit nachzudrucken.

die Verfolgung und Bestrafung von Hexenverbrechen. Erst die Hexenwelle im Erzbistum Trier, die sich im nachhinein als die größte deutsche des 16. Jahrhunderts herausstellte, gab Anlaß, sich erneut mit den rechtlichen Grundlagen auseinanderzusetzen und die Gesetze zu ändern. Vor diesem Hintergrund entstanden die juristischen Überlegungen des Bischofs Peter Binsfeld. Das Hexentraktat von 1589 lieferte die Rechtfertigung für ein härteres Vorgehen gegen schadenstiftende Zauberei. Danach konnte bereits eine einzige Anzeige zur Anklage und damit zur Folter und schließlich zum Todesurteil führen. *Die Bekanntnuß eines Gesellen wider seine Mitgesellen vnd gleiches Laster Theilhafftige ja dem zauberischen Laster wann sie ein zuwürffliche Vermutung oder Anzeigung hat gibts ein volkombliches vnd erhebliches anzeigen zu der peinlichen Frag,* stellte Binsfeld fest. In diesem Zusammenhang erhielten Kinder eine gefährlich große juristische Bedeutung. Ihre belastenden Zeugenaussagen waren in vollem Maße akzeptiert. Und nicht nur das. Kinder durften gefoltert und mit dem Tod bestraft werden. Diese drakonischen Maßnahmen rechtfertige Binsfeld damit, daß die Hexerei ein außergewöhnliches Verbrechen war: *Aber in dem Laster der Zauberey kan die Wahrheit anderst nicht erkündiget noch auß jhrer Natur vnd Handlung nach gemainem lauff der Sachen. Dann jhre Vbungen Versamblungen vnnd zusammen Verschwerung geschehen bey der Nacht Vnd an haimblichen Orten.* Wenn man das Böse aus der Welt schaffen wollte, mußte das Untersuchungsverfahren ebenfalls den üblichen Rahmen sprengen. Binsfelds juristische Neuerungem wurden von den Zeitgenossen aufgegriffen und in kürzester Zeit über ganz Deutschland verbreitet. Das neue Recht setzte die Kinder nicht nur größerer Gefahr aus, es verlieh ihnen auch ungeheure Macht. Mit einer einzigen Beschuldigung konnten sie eine ganze Verfogungswelle auslösen.

Nachdem die juristische Stellung von Minderjährigen einmal gefestigt war, nahm ihre Beteiligung bei den Hexenprozessen schlagartig zu. Bei den vielen Verfahren des 17. Jahrhunderts waren fast immer Kinder beteiligt, als Auslöser, als Ankläger und Zeugen, als Opfer und Täter.

Zwei Kinder im Alter von fünf und zehn Jahren setzten eine Verfolgungswelle in Gang, die die Grafschaft Wertheim im Süden des Reiches 15 Jahre lang überschattete. Am Weihnachtsabend des Jahres 1628 wandten sich die bestürzten und ratlosen Bürger in einem Bittschreiben an ihren Stadtherren. Das erste Verhör am darauffolgenden Tag brachte die schrecklichen Einzelheiten an den Tag. Die Brüder Hans und Daniel Klein berichteten von einem nächtlichen Hochzeitsgelage im Haus ihrer Eltern. Die Braut Amelie und ihr Bräutigam Philipp waren auf dem Besen herbeigekommen und hatten sich bei Musik und Gesang mit den Gästen vergnügt. Auch die eigenen Eltern waren bei dem Gelage zugegen, die Mutter hatte sogar das Festmahl gekocht. Es half nichts, daß die Eltern Klein jede Verantwortung für das *närrische Zeug,* das ihre Söhne von sich gaben, weit von sich wiesen und ihre Unschuld nachdrücklich beteuerten. Sie wurden sofort verhaftet, genau wie das Brautpaar und die anderen Gäste, die die Kinder namentlich nennen konnten. Lawinenartig breitete sich die Verfolgung aus. Immer mehr Kinder und Erwachsene beschuldigten sich gegenseitig. Der fünfjährige Pfarrerssohn wollte mit seinem Vater des nachts zum Kamin herausgefahren sein. Hans Klein ergänzte seine Geschichte durch Phantasien über die *Schmier,* die er unter Anleitung kundiger Hexen aus ausgegrabenen Kinderleichen gesotten hatte. Wer beim Schmiersieden geholfen hätte, wollten die Richter wissen, und sechs weitere Wertheimer Bürger mußten Verhör und Folterqualen über sich ergehen lassen.

Auch von der Teufelstaufe wußten die Kinder zu berichten. Sie mußten das Taufgebet mit den Worten *Jesus, Sohn Davids, gehe weg, will dich nicht haben,* nachsprechen. Natürlich hatte jeder von ihnen mindestens einen Taufpaten. Die Liste der Verdächtigen wurde mit jedem Tag länger. Zunächst

wiesen die angeklagten Bürger alle Anschuldigungen weit von sich. Aber unter dem Druck der Folter brach jeder Widerstand zusammen. Einige waren schon zum Geständnis bereit, wenn sie den Henker nur sahen, andere gaben erst nach wiederholter Tortur zu, was die Folterknechte von ihnen hören wollten. Im Angesicht des Scharfrichters zeigte die Mutter von Hans und Daniel Klein über 30 Personen an. Von der Großmutter erpreßte das Gericht 22 Namen. Die Geständnisse der erwachsenen Wertheimer Hexen enthalten nichts grundlegend Neues oder Überraschendes. Das wundert nicht, denn sie antworteten nur auf die Fragen, die die Inquisitoren ihnen anhand der allgemein bekannten Handbücher stellten.

Was die Ratsherren vielmehr in Erstaunen versetzte, waren die detaillierten Schilderungen der kleinen Unholde über die Verbrechen der Unzucht, die sie miteinander oder mit dem Teufel getrieben hatten. Ein kleines Mädchen namens Maigele wies anfangs unter Tränen alle Beschuldigungen zurück. Auch als die anderen mitangeklagten Kinder längst ihre Untaten zugegeben hatten, leugnete sie noch. *Sie wird deshalb ein wenig gehauen; nützt aber nichts,* vermerkte das Protokoll. Erst nachdem man sie mit der Ruthen geschlagen hatte, gab sie zu, daß Hans Klein sie verführt hatte und anschließend der Satan selbst. Mit erschreckender Ausführlichkeit, *wie sie bei einem Kinde sonst niemals vermutet werden kann,* beschrieb die Kleine *die Thaten der Unzucht.*

Die Schilderungen der Kinder zeigten meist lebendige und fröhliche sexuelle Erlebnisse. Wissenschaftler, die sich mit diesem Aspekt der Kinderhexenprozessse auseinandersetzten, kamen zu dem Schluß, daß die kindlichen Berichte vom Hexensabbat genau das aufgriffen, was die Jungen und Mädchen tatsächlich auf den Wiesen und Weiden fernab vom elterlichen Haus trieben. In den freimütigen Äußerungen spiegelten sich Wunsch und Wirklichkeit einer erwachenden Sexualität. Hier war ein Ventil für all die Phantasien, die ihnen eine strenge Erziehung nicht anders auszudrücken erlaubte.

Als Resultat des Wertheimer Prozesses endeten am 7. Mai 1629 sechs Menschen auf dem Scheiterhaufen. Weitere vier folgten am 24. Juli. Damit war das Verfahren längst nicht abgeschlossen. In den nächsten 15 Jahren wurden zahlreiche *unschuldige* Opfer vor Gericht gezerrt, gefoltert und verbrannt.

In den Prozessen verhielten sich die kleinen Täter ganz anders als die erwachsenen Hexen, die die Anschuldigungen zunächst weit von sich wiesen und andere erst unter dem Druck der Folter denunzierten. *Freudig und frey* beschuldigten sich die Kinder selbst der Hexerei und schickten andere ins Unglück.

■ Wieso nahmen Kinder scheinbar ungerührt Folter und Hinrichtung von Vater, Mutter, Tanten und Bekannten in Kauf?

Wie ist es zu erklären, daß Kinder und Jugendliche nicht nur sich selbst, sondern auch die allernächsten Verwandten denunzierten?

Zunächst einmal hatten sicherlich Lehrer, Prediger und Inquisitoren einen entscheidenden Anteil daran. Geistliche und weltliche Erzieher, die besessen waren von der Hexenidee, forderten Kinder wieder und wieder zur Denunziation auf. Sie horchten ihre Schützlinge aus, wo immer sie sie antrafen, ob in der Schule, der Kirche oder der elterlichen Wohnung. Jedes Mittel war ihnen recht, Hexen in ihre Fänge zu locken. Ihre Aufrufe fielen besonders bei den Kindern, die leichter zu beeinflussen und zu beeindrucken waren, auf fruchtbaren Boden.

Von einer problematischen Eltern-Kind-Beziehung geht eine andere Forschungsrichtung aus. Danach vermischten Kinder, die ihre eigenen Eltern anzeigten, in den Hexenphantasien Agressionen mit eigenen tiefen Schuldgefühlen.

Ein Beispiel dafür ist das Schicksal von Nicole Obri aus dem nordfranzösischen Dorf Vervins, etwa 40 km von dem Bischofssitz Laon entfernt. Hübsch war sie und gutmütig, dabei wohl ein bißchen beschränkt, die

15jährige Nicole. Die Metzgerstochter war seit drei Monaten mit dem Schneider Louis Pierret verheiratet, als sie plötzlich und wie aus heiterem Himmel alle Anzeichen einer klassischen Besessenheit zeigte. Es geschah an Allerseelen im Jahre 1565. Als Nicole am Grab ihres verstorbenen Großvaters betete, sah sie auf einmal den alten Mann in einem Leichtuch. In ihrer großen Angst suchte sie Zuflucht bei ihren Eltern, doch die schickten sie zu ihrem Ehemann zurück. Der Großvater, der ihr einige Tage später wieder erschien, rief zu einer Wallfahrt ins weit entfernte Compostela zum Heiligen Jakob auf. Wenn sie selbst nicht reisen könnte, sollte ihr Mann an ihrer Stelle wallfahrten. Die Vorstellung, einen Verstorbenen durch eine Pilgerreise zu erlösen, war weder neu noch ungewöhnlich, und

so machte sich Pierret auf den Weg. Dabei kam Nicole wohl auch der Gedanke sehr gelegen, eine Zeitlang von ihrem Mann getrennt zu sein. Denn als dieser von der langen und gefährlichen Reise wohlbehalten zurückgekehrt war, gab sich der Geist des Großvaters nicht zufrieden und verlangte eine erneute weite Pilgerfahrt. Angesichts dieser unverständigen Forderung wurde zum ersten Mal der Verdacht laut, daß nicht der Großvater, sondern der Satan selbst aus dem Mädchen sprechen würde. In ihrer Not wandten sich die Angehörigen an einen Dominikanermönch, der das Mädchen vom Teufel befreien sollte. Aber auch die Exorzismen, die der gelehrte Mann mit großem Eifer betrieb, brachten keinen Erfolg. Vielmehr zeigten sich mit einem Mal alle Anzeichen von Besessenheit. Tobsuchtsanfälle, in denen sie wie wild um sich schlug, wechselten mit Momenten, in denen die junge Frau völlig starr wie ein Scheit auf dem Boden lag. Die Dorfbewohner zeigten großes Interesse. Mit öffentlichen Gebeten und Bittprozessionen nahmen sie Anteil am Schicksal der Kranken und ihrer Angehörigen. Die Exorzismen, die regelmäßig in der Kirche von Vervins abgehalten wurden, glichen einem grandiosen Schauspiel. Jeden Tag schleppten mehrere Männer die tobende und schreiende Nicole in das Gotteshaus, wo sie im Anschluß an die Messe auf eine erhöhte Tribüne gebracht wurde. Fromme Männer rückten dem Teufel im Mädchen mit Weihwasser, heiligen Reliquien und der geweihten Hostie auf den Leib. Sie stachen mit Nadeln und anderen spitzen Gegenständen zu, um den Satan zu vertreiben. Um sonst. Er wollte nicht weichen. Bei Exorzismen im kleinen Kreis, bei denen nur die Angehörigen zugegen waren, gab der böse Geist schließlich den Grund für die Besessenheit preis: Er berichtete, daß die Mutter das Mädchen vor vier Jahren verflucht und damit dem Satan übergeben hatte. Statt auf ihre kleine Schwester aufzupassen, wie die Mutter ihr befohlen hatte, war Nicole mit ihren Kameraden zum Tanzen gegangen. Als sie zurückkam, wollte die Mutter sie schlagen, weil sie ihre Pflichten vernachlässigt und nur an ihr eigenes Vergnügen gedacht hatte. In ihrem Zorn ließ sie sich auch nicht von den Freunden beruhigen, sondern verfluchte ihre Tochter. Damit begann das Unglück. Denn mit dem Fluch war der Teufel in das Mädchen eingefahren. Er war verantwortlich für die schlimmen Ereignisse der Folgezeit. Der Leibhaftige ließ das Mädchen beinahe im Fluß umkommen, er veranlaßte sie, Geld zu stehlen, um damit von zu Hause wegzulaufen. Er war es auch, der sie zum Lügen, Stehlen und Hehlen verführte.

Mit den zornigen und unbedachten Worten der Mutter hatte die Katastrophe begonnen. Und sie fand ihre Fortsetzung, als der Ehemann die junge Frau kurz nach ihrer Hochzeit ebenfalls verfluchte. So schilderte der Dämon im Mädchen die Ereignisse. Als die Exorzismen des Dominikaner-

■ Auf ihre Art versuchten die Kinder, Wirklichkeit und Hexenglaube zu verarbeiten.

paters nicht die erwünschte Wirkung zeigten, nahm sich der Bischof von Laon selbst der Sache an. Mit viel Engagement mühte sich der alte Herr um das Seelenheil des Mädchens. Der Teufel ließ sich aber nicht beirren, sondern spottete nur über die Bemühungen des Bischofs. Er nannte ihn einen *dicken Kater* und seine Mitra eine *Zipfelmütze.* Er warf ihm vor, daß er nur deshalb keine Macht über ihn ausüben könnte, weil er nicht richtig gebeichtet hatte. Überhaupt schien der Teufel viel bissigen Humor zu haben. Er karrikierte und verspottete die anwesenden Gläubigen, so daß das Publikum häufig in schallendes Gelächter ausbrach. Kaum einer der Einwohner versäumte die täglichen Beschwörungen in der Kathedrale von Laon. Schließlich waren die Bemühungen des Bischofs doch von Erfolg gekrönt, und es gelang ihm, den Satan endgültig zu vertreiben. Das geheilte Mädchen war wunderschön anzusehen, wie es da lag *mit rosigem Gesicht und schönen, klaren Augen,* so daß alle Anwesenden vor Rührung ganz ergriffen weinten.

Verständlicherweise wollte Nicole gern in Laon bleiben, aber das ließen die Hugenotten, die sie sowieso für eine Betrügerin hielten, nicht zu. Sie wiesen sie aus mit der Begründung, daß sie den Stadtfrieden störte. Eine Kutsche stand schon bereit, um das Mädchen und ihre Eltern zurück nach Vervins zu bringen. Da trat auf einmal ein neues Symptom auf: Nicole konnte außer der geweihten Hostie keine Nahrung bei sich behalten. Sie trat in einen Hungerstreik, und jeder Versuch, ihr etwas einzuflößen, löste einen Scheintod aus. Wer konnte da hart bleiben? Das Volk weinte, aber die Ratsherren ließen sich nicht erweichen. Nicole durfte die Stadt nicht mehr betreten. Stattdessen wurde sie von der Familie getrennt und in Einzelhaft gesetzt. Man nannte sie eine Betrügerin und warnte sie, daß der Henker schon wartete, um das Todesurteil zu vollstrecken. So – zum ersten Mal völlig isoliert von ihren Angehörigen und im Angesicht des Todes – gab die Kranke über Nacht Hysterie und Hungerstreik auf. Geheilt war sie allem Anschein nach aber nicht. 11 Jahre später taucht ihr Name wieder auf. Sie war mit Blindheit geschlagen, die mehrere Monate andauerte und während einer Messe so plötzlich verschwand, wie sie gekommen war. Danach wurde es still um sie. Anscheinend hatte sich die Frau, die in der Zwischenzeit mehrfach Mutter geworden war und eine geachtete gesellschaftliche Stellung genoß, mit ihrem Schicksal abgefunden.

Als Besessene hatte das junge Mädchen die Möglichkeit, ihre Agressivität zu äußern, ohne daß eine Strafe auf dem Fuße folgte. Sie durfte vielmehr auf Mitgefühl hoffen. Auch in vielen anderen Fällen waren die geäußerten Vorwürfe ein Ventil für die Spannungen im engsten Familienkreis. Hier bot sich den Kindern die einmalige Gelegenheit, die bestehenden Machtverhältnisse einfach umzudrehen. Ein unglaubliches Gefühl von Macht und Stärke mußten sie fühlen, wenn sie mißliebige Personen einfach aus dem Weg schaffen konnten. Kam dazu noch das Bewußtsein, für eine gute Sache einzustehen, kannte die kindliche Vorstellungskraft anscheinend keine Grenzen mehr. Ohne grausam zu erscheinen, konnten sich die Kinder so für erlittene Demütigungen rächen. Auf einmal hörten die Richter ihnen zu, nahmen ihre Aussagen ernst und handelten entsprechend. Ihre Phantasie riß die Kinder in den Verhören zu farbigen Schilderungen hin. Die Folgen konnten sie vielfach nicht überblicken.

In den Händen
der Justiz

■ Seit Ende des
15. Jahrhunderts fielen
die Hexenprozesse in die
Zuständigkeit weltlicher
Gerichte. Wer einmal
in die Fänge der Justiz geriet,
war beinah ausnahmslos
dem Tod verfallen.

W o kein Kläger, da kein Richter." Nach diesem Grundsatz verliefen die sogenannten Akkusationsprozesse im Mittelalter. Der Ankläger mußte mit konkreten Beweisen vor Gericht erscheinen. Die richterliche Komission hörte beide Parteien an, bevor sie einen Schiedsspruch fällte. Waren die Beweise des Anklägers nicht hieb- und stichfest, mußte er sich wegen Verleumdung verantworten. Ganz anders verliefen die Inquisitionsprozesse der frühen Neuzeit. Ein ein-

zelnes Gerücht reichte vollkommen aus, um den Gerichtsapparat in Gang zu bringen. Die Obrigkeit war verpflichtet, jedem Verdacht und jeder Anzeige nachzugehen. Jeder konnte jeden anzeigen. Und dies geschah meistens in aller Heimlichkeit. Der Denunziant mußte nicht einmal seinen Namen nennen.

Die Folter sollte die Wahrheit ans Licht bringen

Weshalb setzte man die Folter überhaupt ein?
Selbst wenn es für uns heute so aussieht, als wären die Angeklagten der Willkür des Gerichts hilflos ausgeliefert gewesen, hatte auch der Inquisitionsprozeß bestimmte Regeln, die eingehalten werden mußten. Ein unumstößlicher Beweis oder ein Geständnis waren notwendig für die Verurteilung. Die Beweisführung gegen die hinterhältigen und oft im verborgenen handelnden Hexen erwies sich als äußerst schwierig. Denn welcher Zeuge hatte je beobachtet, wie die Hexen auf ihren Besen zum Blocksberg flogen? Fast jeder glaubte, daß sie dort mit dem Leibhaftigen Unzucht trieben und Kinder schändeten. Es ließ sich aber kaum beweisen. Daher versuchte die Gerichtskommission, den Verdächtigen ein Geständnis zu entlocken. Und dazu war ihnen jedes Mittel recht. Auch vor grausamer Folter schreckten sie nicht zurück. Das Recht dazu gab ihnen Artikel 44 der Carolina: Jeder, der Zauberei betrieb oder auch nur

145

■ Die Zeugnisse der gemarterten Angeklagten sind erschütternde Dokumente.

Grausige Gefängnisse

Ein vehementer Gegner der Hexenverfolgung war Anton Prätorius, der calvinistische Prediger. Er kannte die schrecklichen Zustände in den Gefängnissen aus eigener Anschauung und schilderte sie 1598: *In dicken, starken Thürnen, Pforten Blockhäusern, Gewölben, Kellern oder sonst tiefen Gruben sind gemeinlich die Gefängnussen. In denselbigen sind entweder große dicke Hölzer, zwei oder drei über einander, daß sie auf und nieder gehen an einem Pfahl oder Schrauben: durch dieselben sind Löcher gemacht, daß Arme und Beine daran liegen können. Das heißt im Stock liegen oder sitzen. Etliche machen ihnen noch dazu große schwere Eisen an die Füße, daß sie die weder ausstrecken, noch an sich ziehen können. Etliche haben enge Löcher in den Mauren, darinn ein Mensch kaum sitzen, liegen oder stehen kann, darinn verschließen sie die Leute ohngebunden. Ettliche haben dreißig Klaftern tiefe Gruben, wie Brunnen oben im Gewölbe mit engen Löchern dadurch lassen sie die Gefangen mit Stricken hinunter. Solche Gefängnuss habe ich selbst gesehen, in Besuchung der Gefangenen; gläube wohl, es seyn noch viel mehr und anderer Gattung, etliche noch greulicher.*

Umgang mit Hexen hatte, war selbst in höchstem Maße verdächtig. Das war Grund genug zu peinlicher Frage, womit die Folter gemeint war.

Hertzliebe dochter Veronica. Unschuldig bin ich in das gefengnus kommen, unschuldig bin ich gemartert worden, unschuldig muß ich sterben. Denn wer in das haus kompt, der muß ein Drudner [Hexer] werden oder er wird so lange gemarttert, biß das er etwas auß seinem Kopff erdachte weiß.

Diese Worte schrieb der Bamberger Bürgermeister Johannes Junius seiner Tochter Veronika kurz vor seinem Tod aus dem Gefängnis. Im 17. Jahrhundert hatte der Wahn in der Bischofsstadt derartige Ausmaße angenommen, daß auch die hochangesehenen und geachteten Personen nicht verschont blieben. Nachdem ihn mehrere Bürger denunziert hatten, stand im Jahre 1628 sogar der Bürgermeister der Stadt, Johannes Junius, vor Gericht. Ihm erging es nicht besser als allen anderen Verdächtigen.

Das Verhör begann mit der sogenannten gütlichen Befragung. Damit war das tagelange und oft zermürbende Kreuzverhör ohne die Folter gemeint.

Bei der Befragung war alles erlaubt, um den Angeklagten zur Aussage zu bewegen. Die Kläger durften drohen, Fangfragen stellen und den Verdächtigen mit Lügen in Sicherheit wiegen. Zu Beginn blieb Junius noch standfest. *Ich bin kein Drudner, ich hab ein reines gewissen in der sach,* beteuerte er mehrfach. Um das gewünschte Schuldbekenntnis trotzdem zu bekommen, schritten die Hexenkomissare zur Tortur.

■ „Unglückliche, was hast du gehofft? Warum hast du dich nicht gleich beim ersten Betreten des Kerkers für unschuldig erklärt?" fragte Friedrich Spee verzweifelt. Als Beichtvater kannte der Jesuit die Qualen der Angeklagten aus erster Hand.

,, *Und da kam leider, Gott erbarm es in höchstem himmel, der hencker und hat mir den Daumenstock angelegt, bede hende zusamen gebunden, daß das blut zu den negeln heraußgegangen und allenthalben daß ich die hendt in 4 wochen nicht brauch koennen, wie du da auß dem schreiben seh kannst. So hab ich mich Gott in sein heilige funff wunden befohlen und gesagt, weyl es Gottes ehr vnd nahmen anlang, den ich niht verleugnet hab, so will ich mein vnschult vund alle diese marter vnd pein in seine 5 wunden leg[en] er wirt mir mein schmertz lindern, daß ich solche schmertz aussteh[en] kann. Darnach hat man mich erst außgezogen, die hendt vf den Rücken gebunden vnd vf die höhe in der fulter [Folter] gezogen. Da dachte ich, himmel vnd erden ging vnder, haben mich achtmahll auffgezogen, vnd wieder fallen lassen, daß ich ein vnselig schmerzen empfan.*

■ „Pfui der Schande, ist das ein Eifer, der an uns Deutschen zu loben ist. Ich schäme mich für Deutschland." So offen und deutlich wie Spee kritisierte kaum einer die Folter.

Im Laufe der Zeit hatten sich immer perfektionistischere Methoden der Quälerei entwickelt. Es gab verschiedene Foltergrade, die die Qual steigerten. Wie bei Junius begann man meistens mit dem Anlegen der Daumenschrauben. Dabei kamen die Daumen zwischen zwei Eisenplatten und wurden so lange gequetscht, bis das Blut herausspritzte. Die Hände waren danach nicht mehr zu gebrauchen. Schon dieser erste Foltergrad verursachte ungeheure Schmerzen. Beim sogenannten Aufziehen band man

dem Angeklagten die Hände auf dem Rücken zusammen und zog ihn in die Höhe. Manchmal hingen die Henkersknechte Gewichte an die Füße, um Arme und Beine auszurenken.

Es gab unzählige Methoden der Quälerei und immer neue wurden erdacht. Die perverse Phantasie kannte keine Grenzen, wenn es darum ging, angebliche Hexen und Hexer zu martern, bis sie den Verstand verloren. Die Angeklagten wurden auf eine Leiter gelegt und solange auseinandergezogen, bis alle Gelenke ausgekugelt waren. Eine Variante war der sogenannte gespickte Hase, bei dem die Sprossen der Leiter mit Holz- oder Eisenspitzen versehen waren, die tief ins Fleisch schnitten. Eine weitere Tortur bestand darin, den Gefangenen, siedendes Pech über die nackten Körper zu gießen und die Fußsohlen oder andere Körperteile mit einer offenen Flamme anzusengen. Der Trierer Bischof Peter Binsfeld forderte die Folter durch Schlafentzug. Dabei trieben Henkersknechte, die sich abwechselten, den Angeklagten zwischen sich hin und her, bis er vor Erschöpfung schier wahnsinnig wurde. Es gab spezielle Folterinstrumente für Frauen, die sie an den besonders empfindlichen Geschlechtsteilen verletzten. Zu diesen Quälereien gehörte ein Holzbock mit einer scharfen Schneide, auf dem die Hexe nackt sitzen mußte. Die Beine wurden gespreizt, so daß die scharfe Kante tief in die Schamteile einschnitt. Nicht selten nutzten die Scharfrichter die auswegslose Situation ihrer Opfer grausam aus und vergewaltigten sie. Die Unterdrückung von Sexualität in jeder Form führte zu bestialischen Reaktionen. 1603 wurde Balthasar von Dernbach, Fürstabt von Fulda, wegen seiner sadistischen Folterpraxis vom Reichskammergericht zur Verantwortung gezogen.

 *Das Alles hintangesetzt habt Ihr, Zentgraf, Schöffen und Richter, sie ohne einigen Grund für eine Hexe – bloß unter dem Vorwande erklärt, weil drei derselben Untat beschuldigte Weiber*

sie dafür angesehen haben sollen; und ohne fernere Erkundigung habt Ihr sie gewalttätig angreifen, in ein abscheuliches Gefängnis, in einen Hundestall am Backhause des Fuldaer Schlosses, einsperren, in grausamer Weise an Händen und Füßen fesseln lassen und sie genötigt, durch ein niedriges Loch auf allen vieren wie ein Hund zu kriechen, worin sie dann gekrümmt und gebückt, elendiglich hockend, sich weder regen, bewegen, aufrecht stehen, noch des leidigen Ungeziefers erwehren kann. So lautete die Anklage. Doch blieb es die große Ausnahme, daß ein Hexenjäger öffentlich zur Rechenschaft gezogen wurde.

„Man sagt, daß der Teufel seinen lieben Getreuen, den Hexen, sonderbare Zeichen auf den Leib drücke, bei welchen er sie erkenne", verkündete der Theologe Bernhard Albrecht.

Hexenzeichen und Hexenprobe waren beliebte Mittel, um die Schuld der Angeklagten festzustellen.

Im Volk herrschte die Meinung vor, daß der Teufel seinen Helfern ein Zeichen aufdrückte, das schmerzunempfindlich war. An dem sogenannten „stigma diabolicum" war die Hexe zu erkennen. Der ganze Körper wurde

rasiert und auf auffällige Hautstellen untersucht. Als Teufelszeichen galt schon eine Warze oder eine dunkle Hautpigmentierung. Der Henker stach sein Opfer so lange mit spitzen Nadeln, bis er die Stelle gefunden hatte, die

nicht blutete oder nicht schmerzempfindlich war. Und mit ein wenig Einfallsreichtum oder Manipulation ließ sich ein derartiges Teufelsmal bei jeder Verdächtigen ausmachen. Damit, so glaubte das Hohe Gericht, war ein Beweis für die Zugehörigkeit zur Hexensekte gefunden.

Bei den sogenannten Hexeproben vertraute die Rechtssprechung der damaligen Zeit auf ein göttliches Zeichen. Beliebt waren Wasser-, Feuer- und Wiegeproben. Bei der Wasserprobe band man die Frauen an Händen und Füßen zusammen und warf sie ins Wasser. Dabei hielt sie der Henkerskencht an einem Seil fest. Gingen sie unter, so waren sie unschuldig, sanken sie nicht, so galten sie als schuldig. Ein grausames Spiel trieben die Scharfrichter mit den Verdächtigen, wenn sie das Seil ganz straff hielten und ein Eintauchen damit verhinderten. Bei der Feuerprobe mußten die Verdächtigen glühendes Eisen in den Händen halten *drei Vaterunser lang* oder eine noch längere Strecke über brennende Kohlen gehen. Blieben sie dabei unverletzt, so war ihre Unschuld erwiesen. Die Vorstellung, daß Hexen ein geringeres Gewicht als andere Menschen hatten, war weit verbreitet. Eine Wiegeprobe, bei der die Angeklagte ausgezogen und auf eine Waage gesetzt wurde, entschied über Schuld und Unschuld. „Gewogen und für zu leicht befunden", war das Todesurteil für die Hexen.

Häufig manipulierten die Scharfrichter die Waagen in auffallender Weise. So zum Beispiel, wenn sich beim Wiegen herausstellte, daß die Hexe überhaupt kein Gewicht hatte. Die Hexenwaage der holländischen Stadt Oudewater wurde für viele Frauen zur letzten Hoffnung, zeigte sie doch das tatsächliche Gewicht an. In den protestantischen Niederlanden war die

> **Verzweifelter Hilferuf**
>
> Mein auserwählter Schatz, soll ich mich so unschuldig von dir scheiden müssen, das sei Gott immer und ewig geklagt. Man nöthigt Eins, es muß Eins ausreden, man hat mich so gemartert, ich bin aber so unschuldig als Gott im Himmel. Wenn ich im Wenigsten ein Pünktlein um solche Sache wüßte, so wollte ich, daß mir Gott den Himmel versagte. O Du herzlieber Schatz, wie geschieht meinem Herzen! O weh, o weh meine armen Waisen! Vater, schick mir Etwas, daß ich sterb; ich muß sonst an der Marter verzagen. Kommst heut nicht, so thue es morgen. Schreib mir von Stund an. O Schatz, Deiner unschuldigen Rebecka! Man nimmt mich Dir mit Gewalt! Wie kann´s doch Gott leiden! Wenn ich ein Unhold bin, sei mir Gott nicht gnädig. o wie geschieht mir so unrecht. Warum will mich doch Gott nicht hören? Schick mir Etwas, ich möchte sonst erst meine Seele beschweren. Diese erschütternden Worte schrieb Rebekka Lempin 1590 aus dem Gefängnis an ihren Mann Peter.

Hexenjagd längst nicht so ausgeprägt wie im benachbarten Deutschen Reich, und kein Hexenjäger traute sich, die Oudewater Waage zu verändern. Mit dem beglaubigten Zeugnis von Oudewater, das die Untersuchungskommissionen nicht nur in den Niederlanden sondern auch in den Nachbarländern anerkannten, gelang es einigen Frauen, dem Feuertod zu entgehen.

Fielen die Angeklagten bei den mörderischen Prozeduren während der Hexenproben oder unter der Folter in Ohnmacht, so sah man auch darin einen Beweis für ein Bündnis mit dem Teufel. Er hatte seine Helfer und Dienerinnen in den sogenannten Hexenschlaf fallen lassen, damit sie der Tortur entgingen.

Kaum ein Mensch konnte der grausamen Quälerei über lange Zeit widerstehen. Die allermeisten Opfer brachen früher oder später zusammen und gestanden, was die Malefizkommission von ihnen hören wollte. Auch Bürgermeister Junius war am Ende ein gebrochener Mann. Unter der Folter gab er Verbrechen zu, die er nie begangen hatte. Es ist kaum vorstellbar, unter welchen Gewissenskonflikten er litt. Denn einerseits wurde er so lange gemartert, bis er ein falsches Zeugnis ablegte, andererseits glaubte er, daß ihn gerade diese Lügen um die ewige Seeligkeit bringen würden. Die auswegslose Situation brachte ihn schier um den Verstand.

> *Nun hertzliebe dochter, was meinstu in was für eine gefahr ich gestanden und stehe. Ich sollt sag[en], ich sey ein truttner, vnd bin es niht, soll gott erst verleugnen vnd hab es zuvor niht gethan. Hab tag vnd nacht mich hoh beküммert. Vnd dann ist dieses meien Aussag wie folgt aber alle erlogen. Nun folgt, hertzliebes kindt, was ich hab außgesagt, daß der großen marter vnd harten tortur bin entgangen, welche mir vnmöglich lenger also auszustehen geweßen were.*

Die meisten Opfer des Hexenwahns litten unter der gänzlich auswegslosen Situation. Und nur wenn man ihre inneren Nöte berücksichtigt, werden die zum Teil extremen Reaktionen der Angeklagten verständlich. Manche wurden nach anfänglichem Leugnen ungewöhnlich redselig und schmückten ihre Verbrechen phantasievoll aus. Andere Opfer solidarisierten sich mit den Henkern und baten um eine möglichst harte Strafe. Nicht wenige suchten den letzten verzweifelten Ausweg in der Selbsttötung.

Einige Personengruppen sollten eigentlich von der Folter ausgeschlossen sein. Und zwar die besonders angesehenen und berühmten Bürger, die Gelehrten und Rechtsanwälte; ebenso die Professoren und Studenten, da sie der Gerichtsbarkeit der Universität unterstanden. Alle Personen, die mit der Verfolgung und Verurteilung der Hexen zu tun hatten, waren ebenso von der Tortur ausgenommen wie Kinder und Jugendliche, Greise und Schwangere, geistig behinderte und psychisch kranke Menschen. Das schrieb sogar der Hexenhammer vor. Doch die Praxis zeigte, daß derartige Einschränkungen oftmals nicht eingehalten wurden.

Die Besagung war die Denunziation weiterer unschuldiger Menschen

Mit dem erzwungenen Geständnis war das Verhör noch lange nicht beendet. Die bischöfliche Komission verlangte von Junius die Namen aller Mittäter. Auch diese Forderung stürzte den Mann in schwere Nöte. Einerseits konnte er keine weiteren Qualen mehr ertragen, andererseits wußte er, daß alle die Personen, die er anzeigte, genau wie er selbst auf dem Scheiterhaufen enden würden. Pedantisch fragten ihn die Hexenjä-

ger jede Straße der Stadt ab und insistierten auf der Nennung weiterer Mitschuldiger. *Da hab ich etliche persohn müssen nennen, darnach die lange gasse. Ich wuste niemand. Hab acht persohn daselbsten müssen nennen, darnach den Zinkenwert, auch ein persohn darnach uf die ober prucken biß zum Georgthor uf beden seyten. Wuste auch niemandt. Ob ich nichts in der Burg wüst, es sey, wer es [wolle], soll es ohne scheu sagen. Und so fortan haben sie mich uf allen gassen gefragt.*

Die „Besagung", also die Nennung angeblicher Mittäter war ein wesentlicher Bestandteil des Prozesses. Nach den Vorstellungen der Inquisitoren kamen die Satansjünger regelmäßig beim Hexensabbat zusammen. Eine Hexe mußte demnach wissen, wer außer ihr zur Sekte gehörte. Sie wurde nach allen Regel der Kunst ausgequetscht, damit sie ihre Komplizen nannte. Nur so konnte die Hexenbrut ausgerottet werden. Mit dem Besagen wurden immer wieder aufs Neue unschuldige Menschen in den Tod gerissen. Die Angeklagten wußten dies, sofern es sich nicht um Kinder handelte, die die Folgen nicht abschätzen konnten, oder geistig verwirrte Menschen. Es ist sicher zutreffend, daß einige Opfer die Besagung in vollem Bewußtsein nutzten, um möglichst viele weitere Unschuldige mit ins Verderben zu ziehen – entweder aus Rache, Zorn oder Verzweiflung. Viele andere stürzte die Aufforderung zur Denunziation in schwere innere Nöte. Denn es war allgemein bekannt, daß jeder, dessen Name einmal auf der Liste der Hexenjäger geschrieben stand, für immer verloren war. Die ausweichenden Antworten der Angeklagten gerade bei dieser Frage sind verständlich. Aber es half ihnen nicht. Beharrlich insistierten die Hexenjäger. Selten gaben sie sich mit einem oder zwei Namen zufrieden. Sie folterten so lange, bis sich die Seiten der Protokolle mit 20, 30 oder sogar über 100 Namen von Schuldigen füllten. Nur so ist zu erklären, daß ein einzelner Hexenprozeß eine Lawine in Gang setzen konnte, die sich jahrelang hinzog und Tausende unschuldiger Opfer forderte.

Handzettel für Hexenjäger

Für die Kreuzverhöre mit den Angeklagten gab es umfangreiche Fragenkataloge. Die sogenannten Interrogatoria, die sich großer Beliebtheit erfreuten, dienten den Untersuchungsbehörden als Anleitung für tagelange zermürbende Kreuzverhöre. Die Fragen lauteten immer ähnlich und forderten die gleichen stereotypen Antworten. Der folgende Auszug stammt aus der Interrogatoria, die das Mainzer Hofgericht 1624 herausgab.

Generalia

Wie die verhaffte Persohn heiße? Wie alt sie seie? Waß deroselben Vermögen? Zu waß vor einer Religion undt von waß eltern, auch an welchem Ort dieselbe gebohren, getaufft undt ufferzogen? Ob und wie lang Sie im Ehestandt gelebt? Ob undt wieviel Sie kinder erzeuget im Ehestandt? Ob sie noch all im Leben oder da etliche verstorben. Woran und wie lang sie krank gelegen undt ob sie alle natürlichen Todtes verblichen?

Specialia

Wie und durch wem auch wan und zu was Zeiten, wo undt an welchem orth Item und durch waß mittel und in weßen beisein Sie die verhaffte Person zue dießem Laster verführt worden. In waß formb, gestalt unndt Kleidung der böse Geist ihr zum estemal erschienen. Waß der böse Geist zu ihr gesagt, und waß sie hingegen zur antwort geben. Item ob er ihr sobalt etwaß zu ihrer Verfuhrung geben oder zugeben versprochen, auch waß sie darauff von ihme empfangen und waß es vor Müntz gewesen. Ob sie nit hiruff undt nach empfangenem Gelt oder anderem Geschenk mit dem Buhlgeist teufflische Vermischung gepflogen, wie oft, auch welcher orts solches beschehen undt ob es natürlich zugangen. ob sie nit hiebei gedacht, daß ein solche buhlschaft ein unmenschlich verdambt werk seie. Wie sie zue und von dem taufforth wider zurück kommen; ob sie zue Fuß gangen oder gefahren, waruff undt wo sie gesessen fornen oder hinden. Ob sie nit ihre leibliche oder andere Kinder zue dem endt umbbringen. Wie sie mit den ausgegrabenen Kindtlein haußen, undt umbgeben, ob sie nit dießelbigen finden, auch wer sich vornemblich in ihrer Compagni zum Kindersieden gebrauchen lasse?

■ Nur ganz wenige entkamen dem Tod. Wer die Folter überstand war für sein Leben lang gezeichnet.

Mit der Besagung hatte die Quälerei keineswegs ein Ende gefunden. Das tagelange zermürbende Kreuzverhör zielte darauf ab, die ganze Wahrheit über das Hexenverbrechen ans Licht zu bringen. Das auffallende inquisitorische Interesse am Sexualleben der Hexen – ihre Vereinigung mit Teufeln und Dämonen und die Exzesse beim Hexensabbat – sind traurige Beispiele unterdrückter Phantasien. Die Gerichtsprotokolle zeigen die

auffallende Gleichförmigkeit der Fragen und Antworten. Handbücher und Fragenkataloge waren weit verbreitet und gaben die Fragen vor.

Die Opfer wußten, was man von Ihnen hören wollte und antworteten unter den Qualen der Folter entsprechend.

> *Nun hertzliebes kindt, da hastu alle meine Aussag und verlauf, darauf ich sterben muß und sein lautter lüg und erdichte sach, so war mit gott helf. Denn dieses hab ich alles auß forcht der ferner angedrohten Marter sagen muß. Denn sie lassen nicht mit den martern nach, biß man etwas sagt, er sey so fromm als er wolle, so muß er ein trudner sein. Das darfst künlich für mich schwören, daß ich kein trudner, sondern ein mertirer bin, und sterb hiemit gefast. Guter nacht, denn dein vatter Johannes Junius sieht dich nimmermehr. 24. July anno 1628.*

Dies schrieb der Vater seiner Tochter im Angesicht des Todes. Außerdem gab er ihr den guten Rat, die Stadt schnellstens zu verlassen. Als Tochter eines Hexenmeisters war Veronika in höchster Gefahr, ebenfalls verhaftet und hingerichtet zu werden.

Die Schuld der Angeklagten stand von vornehrein fest. Den Opfern war klar, daß nach dem Geständnis nur noch der Tod auf sie wartete. Kinder bis 14 Jahren tötete man meist mit dem Schwert, und den Kleinsten öffnete man im Bad die Adern, damit sie verbluteten. Diese grausige Arbeit mußten die Hebammen verrichteten. Erwachsene Hexen wurden entweder bei lebendigem Leib verbrannt oder – wenn sie das Glück hatten, einen gnädigen Richter zu finden – zuerst getötet und dann verbrannt. Kahlgeschoren und im Büßerhemd rollten die Totgeweihten auf offenen Karren zur Hinrichtungsstätte. Zu den grausigen Schauspielen, die in aller Öffentlichkeit abgehalten wurden, strömten Tausende herbei. Als

Was die Folter kostete

Die Scharfrichter und Folterknechte verdienten nicht schlecht bei ihrer schaurigen Tätigkeit. Während die Opfer litten, wurden ihre Peiniger reich. Die Kosten mußten die Angeklagten und ihre Angehörigen tragen. Waren sie zu arm, bezahlte man die Scharfrichter aus Steuergeldern. Der Auszug aus der Kölner Gebührenordnung von 1757 gibt einen Einblick in den Verdienst. Ein Reichstaler (Rth.) bestand aus einer Unze reinem Silber. Der Albus (Alb.) war eine niederrheinische Münzeinheit mit einem Wert von einem 87tel des Reichstalers.

• Enthaupten und verbrennen, alles eingeschlossen	5 Rth.	26 Alb.
• Strangulieren und Verbrennen	4 Rth.	
• Knochenbrechen bei lebendigem Leibe auf dem Rad	4 Rth.	
• Abhacken einer Hand oder mehrer Finger und Enthaupten	3 Rth.	26 Alb.
• Abschneiden der Zunge, ganz oder teilweise und Verbrennen des Mundes mit einem glühenden Eisen	5 Rth.	
• Züchtigung im Kerker, einschließlich Rute	1 Rth.	
• Prügeln		52 Alb.
• Folter ersten Grades	1 Rth.	26 Alb.
• Einrichten und Zerquetschen des Daumens		26 Alb.

abschreckendes Beispiel verlas der Henker vor dem versammelten Volk das Urteil bevor er zur Vollstreckung schritt.

Wer einmal unter dem Verdacht der Hexerei im Gefängnis gesessen hatte, wurde gemieden wie die Pest, selbst wenn er frei kam. Die Opfer mußten schwören, daß sie keine Rache an den Gerichtskomissaren üben würden. Häufig wurden sie des Landes verwiesen. Sie verloren Heimat, Vermögen und Freunde. Ein trauriges Schicksal erlebte die 23jährige Maria Ruppert aus Miltenberg. Die Mutter zweier Kinder war seit sechs Jahren mit dem Metzger Veit Ruppert verheiratet und gerade schwanger, als sie verhaftet wurde. Wie durch ein Wunder überlebte sie die Quälereien, die Quetschungen der Gliedmaßen und das Aufziehen. Nach 279 Tagen durfte die Frau das Gefängnis im November 1627 endlich verlassen, aber nicht, ohne vorher die sogenannte Urfehde zu schwören. Das heißt, sie gab eine eidesstattliche Erklärung ab, den Schaden, Schmerz und die Kosten des Verfahrens nicht einzuklagen. Doch das Schicksal meinte es schlimm mit der Frau. Ihr Mann verbot ihr das Haus, hielt die Kinder von ihr fern und verweigerte jeden Kontakt mit ihr. Damit verlor die Frau nicht nur alle sozialen Kontakte, sondern ihre gesamte Existenz. Wovon sollte sie in Zukunft leben? Wie es Maria Ruppert letzlich ergangen ist, darüber schweigen die Gerichtsakten.

Henker und Knechte waren feste Bestandteile des unerbittlichen Gerichtsverfahrens

Der Hexenwahn forderte seine Opfer in allen Schichten und Altersklassen. Und wer waren die Folterknechte?

Man kennt sie auch unter dem Namen Scharfrichter, Henker, Schwerter, Galgenmeister und Freimann. Darüber hinaus gibt es viele mundartliche Bezeichnungen, die sowohl Respekt als auch Widerwillen gegen diesen Berufsstand ausdrücken. Die Scharfrichter galten als ehrlos und wurden gemeinhin gemieden. Ihr Handwerk übten sie nach festen Tarifen aus.

Es war eine einfache Rechnung. Die Henkersknechte erhielten kein festes Gehalt, sondern wurden nach Akkord bezahlt. Je mehr sie ihr Opfer folterten, um so höher war ihr Lohn. Allein aus diesem Grund waren die Folterknechte daran interessiert, ihre Marterwerkzeuge anzuwenden. Allerdings sorgten Vertreter der Obrigkeit, die die Tortur überwachten, dafür, daß bestimmte Regeln eingehalten und nicht wahllos gefoltert wurde.

Noch in unserem Jahrhundert werden Menschen zu Tode gequält. Diktaturen setzen die Folter gezielt ein, um Regimegegner zu beseitigen. Die

Bilder und Berichte von Menschenrechtsorganisationen lösen Entset-
zen, Abscheu und tiefes Mitgefühl aus. Doch bei der Gewaltanwendung
des 20. Jahrhunderts handelt es sich um illegale Verfahren und nicht um
rechtmäßige juristische Maßnahmen im Rahmen des Strafprozesses.
Und genau das war die Folter im Inquisitionsprozeß der Frühen Neuzeit.
Es fällt uns schwer zu glauben, daß Menschen damals im Zuge der
Hexenverfolgung aus reiner Lust am Quälen zu Tausenden umgekom-
men sind.

Wie rechtfertigten Hexenjäger, Juristen, Prediger und Gelehrte den Einsatz der Folter?

Die Hexen und Zauberer galten als besonders verabscheuungswürdig, da sie Gott im Himmel verleugneten, die Menschen auf Erden verachteten und beiden größtmöglichen Schaden zufügten. Sie hatten sich mit Leib und Seele dem Satan verschrieben und handelten als Mitglieder einer großen Verschwörung. Alle juristischen Schritte richteten sich gegen diese teuflische Sekte und letzlich gegen den Höllenfürst selbst. Der gesamte Prozeß war ein Kampf gegen den Teufel. Er sollte gequält, vernichtet und ausgerottet werden. Vor ihm versuchten sich die Richter zu schützen, indem sie die Angeklagten mit Weihwasser besprengten und ihnen gesegnete Kreuze umhängten. Der Hexenhammer empfahl, die Beschuldigten möglichst mit verbundenen Augen oder mit dem Rücken zur Kommisson vorzuführen, um dem bösen Blick auszuweichen. Diese Maßnahmen, so ungewöhnlich sie uns heute scheinen mögen, zeigen die große Angst vor dem unheimlichen Verbrechen. Die Menschen glaubten, daß der Teufel selbst beim Verhör zugegen war. Er gab seinen Dienern die Kraft, sogar extremer Tortur zu widerstehen und hieß sie lügen und leugnen. Die gesamte Aufmerksamkeit der fanatischen Hexenjäger galt der Ausrottung dieses Kapitalverbrechens und rechtfertigte den Einsatz extremster Folter.

Wo wütete
der Wahn?

■ Tiefgreifende wirtschaftliche und politische Krisen erschütterten die Menschen ab der zweiten Hälfte des 16. Jahrhunderts in Europa. Sie schufen die Stimmung für große Hexenjagden.

S ie waren *allesampt vnd sonders vonn Gott vnserm Hymlischen Vatter abgefallen,* hatten mit dem Satan *ein werck der vnkeuschheit volbracht und Mensch und Tier geschadet. Mit Haegel, Regn, Wind, Reiffen vnd Newel vernichteten sie die Ernte* und verwüsteten Haus und Hof. Die Rede ist, wie so häufig in der Frühen Neuzeit, von den Hexen. Im Jahre 1563 riefen die Hexenjäger im schwäbischen Wiesensteg zur ersten großen Verfolgung nach der Reformation auf. Was waren die Motive? Welche Gründe führten nach einer relativ stabilen, wirtschaftlich wie politisch ruhigen Periode im Deutschen Reich ab ca. 1560 zu weitreichenden Massenverfolgungen?

Der französische Historiker Emmanuel Le Roy Ladurie sprach als erster von einer kleinen Eiszeit und meinte damit die klimatische Verschlechterung, die die Menschen in vielen Teilen Europas empfindlich in ihrem Lebensnerv traf. Für eine Gesellschaft, die vorwiegend von der Landwirtschaft lebte, hatten Unwetter und Hagel oder auch lange Dürreperioden katastrophale Folgen. Wenn die Ernte schlecht ausfiel, schnellte der Brotpreis in die Höhe, und die Lebensmittel wurden knapp. Menschen, die hungern, waren zu allen Zeiten anfälliger für Krankheit, Seuchen und düstere Prophezeiungen. War die Ernte im folgenden Jahr besser, konnte sich die Bevölkerung erholen. Wenn nicht, waren die Folgen um so schlimmer. Die ohnehin geschwächten und zutiefst verunsicherten Menschen gerieten immer stärker in den Teufelskreis von Mißernte – Anstieg der Getreidepreise – Hunger – Seuchen. Kamen politische und religiöse Krisen hinzu, dann reichte ein kleiner Funke, um einen großen Hexenbrand in Gang zu setzen.

Der Historiker Wolfgang Behringer hat auf die Verhärtung der menschlichen Beziehungen als ein auffälliges Merkmal in der Frühen Neuzeit hingewiesen. Gesellschaftliche Gruppen schlossen sich nach unten hin ab,

Herrschaftsausübung und Gesetzgebung nahmen grausame Züge an, und die Anhänger aller Religionen gaben sich engstirnig und verbohrt. Die Reformation und die Glaubenskriege hatten ganz Europa erschüttert. Auch wenn die konkrete Bedeutung im Einzelfall nicht so deutlich zu fassen ist, sind sich die Historiker einig, daß instabile politische, wirtschaftliche und religiöse Verhältnisse das Klima für die Hexenjagden begünstigten. Die Situation in der zweiten Hälfte des 16. und zu Beginn des 17. Jahrhunderts war der Nährboden, auf dem sich der Massenwahn entfalten konnte.

Im protestantischen Wiesensteig im Südwesten des Reiches lösten die verschiedenen Faktoren eine zwei Jahre andauernde Verfolgung aus. Von 1562 bis 1564 verbrannten in dem kleinen Territorium mehr als 60 Hexen. Noch schlimmere Konsequenzen hatten Mißernten und Lebensmittelknappheit gegen Ende des Jahrhunderts. In den 80er und 90er Jahren folgten mehrere schlechte Erntejahre hintereinander. Hungersnöte und Seuchen fanden zahlose Opfer, nicht nur unter den Armen, Alten und Schwachen. Die Menschen waren zutiefst verunsichert. Chronisten dieser Zeit berichteten von einer großen Angst, die um sich griff. Ein verzweifelter Hilferuf aus Ansbach an Euer Fürstliche Durchlaucht aus dem Jahre 1591 macht das deutlich:

■ **Die katastrophale Lage löste im Erzbistum Trier die größte Verfolgungswelle des Jahrhunderts aus.**

,,

Waß die lieben Heyligen Gottes im Himmel den Einwohnern auf erden in der Offenbahrung Johannis am 12. Capitel mit einem starckhen wehe verkündigen, daß der Teufel zue ihnen komme, und hab einen großen Zorn, weil er weiß, daß er wenig Zeit hat, das wird zu dieser unser letzten Zeit mit aller macht erfüllet, da wir sehen unndt erfahren, wie der leidige Teufel mit falscher Lehr, Ketzerey, Abgötterey, Krieg Auffruhr, Mordt, Bluetvergießung, Zanckh, Hader, Uneinigkeit, Zerrüttung und Ergernuß boßhafftiger zorniger weiß stifftet und anrichtet, aufs allergrausambst wütet und tobet, mit Zauberey und unerhörter Büberey, alß wollte er dem Faß den Boden ausstoßen, Menschen und Viehe auf einmahl verderben und Gott selbst von dem Himmel herabstürzen.

Hexenjagd in Trier

Ein Zeitgenosse schilderte seinen Eindruck von der großen Verfolgung im Bistum Trier: *Wir haben allhie gründtliches wissen, das Im Bistumb Trier Auff die 300 Personen wegen der Zauberei verbrändt worden. In ainem Dorff habe man alle weiber verbrändt, Außgenommen zwei. Under den obgemelten 300 seien viel allte Pfaffenköchinnen gefunden worden. Auch viel ausgerissen und entlaufen. Das bringt alles Bulschaft, Unzucht, Nachgiebigkeit und die Bitter Armueth diser Armen leuth. Straßburg, 3. September 1589, stylo antiquo.*

Die Trierer Hexenverfolgung am Endes des 16. Jahrhunderts forderte über 300 Menschenopfer. Von 1585 bis 1593 loderten die Scheiterhaufen hier fast ununterbrochen. Viele Gelehrte beschäftigten sich auf den verschiedensten Gebieten mit dem Hexenthema. Die Überlegungen des Trierer Bischofs Peter Binsfeld schufen die rechtlichen Grundlagen für eine Massenverfolgung von äußerster Brutalität. Die Prozeßwelle im Erzstift wurde zum traurigen Vorbild für die nachfolgenden Hexenjagden, die vor allem im Süden des Reiches ungeahnte Ausmaße annahmen. Die

Verdächtigen wurden nicht mehr wie bisher in Einzelprozessen verurteilt, sondern massenweise verbrannt. Der Wahn kannte keine gesellschaftlichen Schranken mehr, sondern suchte seine Opfer in allen Schichten. Adlige und angesehene Bürger lebten genauso gefährlich wie arme, alte und alleinstehende Frauen. Schon die Zeitgenossen reagierten sensibel auf die dramatische Entwicklung und keineswegs alle befürworteten das harte Durchgreifen von Justiz und Obrigkeit. Es gab auch kritische Stimmen, wie ein Kölner Kommentar zu der Prozeßwelle im Erzstift Trier aus dem Jahre 1589 zeigt. *Mich gibt es Wunder, daß es in dem Katholischen und heiligen Stifte von Trier und in mehreren anderen Orten so viele böse Weiber gibt, warum dem Teufel dort mehr von Gott die Zauberei gestattet werden soll als in der Stadt Köln. Ich weiß wohl, daß es manche böse, argwöhnische, niedrige, aufsässige, unzüchtige, schädliche Weiber gibt, daraus folgt aber gar nicht, daß diese Zauberinnen seien. Niemals aber habe ich ein Weib gesehen, daß imstande wäre, Hasen, Hunde, Katzen, Mäuse, Schlangen, Kröten zu machen, mit einem Bock durch den Schornstein zu fliegen, in Weinkeller zu schlüpfen, mit den Teufeln zu tanzen; und derjenige, der da sagt, er habe es gesehen, kann lügen.*

Doch Stimmen wie diese waren und blieben die große Ausnahme unter den Ansichten dieser Zeit.

Wirtschaftliche Katastrophen konnten Wellen der Verfolgung nach sich ziehen

Am Ende des 16. Jahrhunderts erreichten die Verfolgungen ein bis dahin ungeahntes Ausmaß. Historiker sprechen von einer internationalen Welle, die große Teile des christlichen Europa überschwemmte. Die Prozesse verliefen lawinenartig und keineswegs überall gleich intensiv. Wie ist das zu erklären? Der Historiker Wolfgang Behringer stellte die Beziehung zwischen

der wirtschaftlichen Notlage und den Massenprozessen heraus. Nach der ersten Teuerungsperiode von 1585 bis 1594 überrollte die nächste wirtschaftliche Katastrophe Deutschland von 1607 bis 1617. Vor allem der Süden des Reiches litt unter den schrecklichen Auswirkungen mehrer aufeinanderfolgender Mißernten. Am schlimmsten traf es in den Jahren 1611 bis 1618 die kleine Herrschaft Ellwangen bei Ulm. Nahezu ununterbrochen loderten hier die Scheiterhaufen. Der Jesuit Johann Finck schilderte die schrecklichen Vorfälle in der Fürstpropstei, die zwei Jahre zuvor begonnen hatten. *Verbrannt sind bis jetzt 303, größtenteils aus Ellwangen. Inzwischen sind drei andere gefangen genommen worden, und zwar aus den besseren Familien, zwei jungen und ein Jüngling, der früher in Dillingen mein Schüler war. Wohin diese Sache noch führen wird oder welches Ende sie haben wird, sehe ich nicht, da dieses abscheuliche Übel so überhand genommen und wie die Pest so viele angesteckt hat, daß nach Jahren, wenn der Magistrat mit der Ausübung seines Amtes fortfährt, die Stadt elend veröden wird.*

Nicht nur im kleinen Ellwangen, sondern im gesamten süddeutschen Raum fanden blutige Jagden statt. Besonders betroffen waren die Bistümer Bamberg, Würzburg und Fulda. In Eichstätt brachte der „Hexenbischof" Christoph von Westerstetten hunderte unschuldiger Menschen um, was ihm zweifelhafte Berühmtheit verlieh. Westerstetten hatte seine Karriere als Fürstpropst von Ellwangen begonnen. In Fulda ließ der berüchtigte Richter und Hexenjäger Balthasar Roß innerhalb von drei Jahren über 200 Menschen auf die Scheiterhaufen führen. Habgier und Gewinnsucht waren die treibende Kraft für die Prozesse, die Roß in der Zeit von 1603 bis 1605 anzettelte und die so viele Menschenleben kostete. In Kurmainz fanden zu Beginn des Jahrhunderts verschiedene Wellen statt, die sich jeweils über mehrere Jahre hinzogen.

Besonders schlimm traf es die Bistümer Würzburg und Bamberg. Innerhalb eines Jahres, und zwar von Juni 1616 bis Juni 1617, kamen in Würzburg 300 Menschen um, in Bamberg waren es allein im Jahre 1616 schon 102. Auf dem Scheiterhaufen der Bischofsstadt verbrannten auch der Bamberger Bürgermeister Johann Junius und seine Frau. Danach folgte erst einmal eine Periode der Ruhe, bis gegen Ende des 30jährigen Krieges erneut zur Jagd geblasen wurde. Krieg, Hunger, Mißernten und Seuchen mußten unnatürliche Ursachen haben. Das war die einhellige Meinung im Volk wie unter den Gelehrten. Die Suche nach den Schuldigen begann aufs Neue. Es kam vor, daß sich die Bevölkerung an den Landesherren wandte und um Untersuchung der Umstände sowie eine harte Bestrafung der Schuldigen bat. So waren zum Beispiel die Einwohner der Gemeinde Elz in der Nähe der Stadt Limburg davon überzeugt, daß allein die mörderische Hexenbrut für den Hagel verantwortlich war, der die ganze Ernte vernichtet hatte. Damit sie nicht noch weiteren Schaden anrichten konnte,

Hexenterror in Mainz

Ein zeitgenössischer Chronist schilderte die Hexenverfolgung im Erzbistum Mainz, im Jahre 1612: Die schrecklichen Scharen der Hexen erfüllen hier alles mit Furcht. Sie drohen nicht allein, sondern verursachen auch in der Tat meistens Unfruchtbarkeit der Äcker. Um ihre verderbliche Zauberei abzuwenden, hat der Erzbischof neulich ein dreitägiges Fasten und eine feierliche Prozession verordnet, bei welcher er selbst das Allerheiligste trug. Einige dieser Hexen wurden zum Scheiterhaufen verurteilt. Die Unsrigen erhielten den Auftrag, sie zu trösten. Anfangs versuchten sich die Hexen hartnäckig zu entschuldigen, aber durch Beharrlichkeit und die Gründe der Unsrigen wurden sie besiegt und ergaben sich schließlich darein, ihre Strafe mit Gleichmut zu tragen.

sollte der Landesherr die Sache selbst in die Hand nehmen. *Dann gnädigster Fürst und Herr, sollte solcher überaus großer verderblicher Schaden, so uns begegnet , nit gestraft werden, würden sie in ihrem Vornehmen gestärkt, und wir müßten mit Weib und Kind entlaufen und alles verlassen.*

Unmißverständlich war die Forderung, die die Bevölkerung dem Trierer Kurfürst überreichte. Falls er den Kampf gegen die Hexen nicht aufnehmen würde, mußte er mit Landflucht rechnen. Und wieder begann eine ausgedehnte Verfolgung. Die Prozeßwelle konnte wie in der Gemeinde Elz auf Verlangen der Bevölkerung in Gang gesetzt werden, sie konnte aber auch von oben initiiert werden. Die Suche nach einem Sündenbock für Notlagen, die allgmeine tiefe Verunsicherung und nicht zuletzt der Mentaltitätswandel von einer genußfreudigen, lebensfohen Gesinnung hin zu einer strikt enthaltsamen und religiös verbohrten Haltung schufen die Voraussetzungen für die Prozeßwellen. Trotzdem muß letzlich die Frage offen bleiben, weshalb es in bestimmten Gemeinden zu blutigen Massenhinrichtungen kam, benachbarte Ort dagegen verschont blieben.

■ **Im Deutschen Reich konzentrierte sich die Verfolgung auf einige Territorien im Süden, andere Regionen waren kaum betroffen.**

Der Historiker Gerhard Schormann untersuchte die Intensität der Verfolgungen nach geographischen Gesichtspunkten und teilte Deutschland in zwei Zonen ein: Eine in der nur sehr wenige Prozesse stattfanden und eine Kernzone, in der der Wahn wütete. Relativ sicher lebten die Menschen am Niederrhein, in den nord- und ostdeutschen Tiefebenen – mit Ausnahme von Mecklenburg – und in Bayern. Dabei handelte es sich aus geographischer Sicht um das flache Land, ausgenommen Bayern. In politischer Hinsicht waren es die großen Territorien. Die kleinen Herrschaften im Süden und Südwesten litten besonders stark unter der Massenhysterie. Die Rechtsprechung lag hier in den Händen lokaler Richter. Die Reichsbehörden besaßen kaum eine Kontrolle, so daß regionale Gerichte den Eingriff der Zentralgewalt nicht fürchten mußten. Sie waren zwar angehalten,

gelehrte Juristen der Universitäten zu konsultieren, doch die wirkten kaum mäßigend. Mit ihren Schriften und Predigten unterstützten sie den Verfolgungswahn eher noch.

Die Inquisition war ursprünglich eine Einrichtung, die von Rom ausging. Die Protestanten lehnten jeden päpstlichen Einfluß ab. Man könnte meinen, daß sie auch in der Hexenfrage eine von Rom abweichende Haltung vertraten. Doch dies war nicht der Fall. Päpstliche Inquisitoren untersützten die lokale Geistlichkeit in ihrem Kampf gegen die Hexerei, und die Protestanten beteiligten sich mit genau demselben Eifer wie ihre katholischen Glaubensbrüder an den blutigen Massenspektakeln. Wie ist das zu verstehen?

Daß die Hexenvorstellungen auch im protestantischen Gedankengut tief verwurzelt blieben, dafür waren die beiden großen Reformatoren Johann Calvin und Martin Luther verantwortlich. Luther war wie die meisten seiner Zeitgenossen von der Existenz des Satans und der Hexen überzeugt. Seine Schriften spiegeln die traditionellen Vorstellungen wieder. Und er beeinflußte seine Anhänger in dieser Frage.

Die protestantischen Geistlichen zeigten sich nicht weniger entschlossen, jede Form von Aberglauben zu bekämpfen. Reformatoren zeichneten genau wie die Gegenreformatoren das gleiche düstere Weltbild. In ihren Predigten warnten sie vor den Folgen der Zauberei und riefen die Gemeinden zur Ausrottung der Hexen auf. Die Hexenbekämpfung war ein Problem, das alle Menschen jener Zeit, unabhängig von ihrer Religion, beschäftigte.

Das Reich hatte sich im Laufe der Frühen Neuzeit von einem Randgebiet zur Kernzone der Verfolgung entwickelt und konnte am Ende auf eine traurige Bilanz zurückblicken. Wieviele Hexen tatsächlich während der Frühen Neuzeit ihr Leben lassen mußten, ist ungewiß. Viele Gerichtsprotokolle sind ver-

■ Bei der Verfolgung gab es keinen Unterschied zwischen den Konfessionen. An der Hexenjagd beteiligten sich die Protestanten ebenso unerbittlich wie die Katholiken.

Luther und die Hexen

In der Hexenfrage hielt der große Reformator Martin Luther an den traditionellen Vorstellungen fest. In seinen Schriften verstärkte er die Angst vor dem Teufel, vor Hexerei und Schadenszauber. Hinlänglich (würde) bezeugt, daß es Zauberei gebe und daß dieselbe möglich sei. Sodann kann nicht geleugnet werden, daß der Teufel lebe, ja herrsche in der ganzen Welt. Wir sind alle nach Leib und Gut dem Teufel unterworfen, heißt es weiter. Niemand unter uns ist so stark, daß er ihm widerstehen könnte. Satanspakt und Buhlschaft sollten hart bestraft werden, war seine Meinung. Mit Hexen und Zauberinnen soll man keine Barmherzigkeit haben.

■ „Deutschland, so vieler Hexen Mutter", rief der Jesuit Friedrich von der Spee aus, angesichts der brennenden Scheiterhaufen.

brannt oder verlorengegangen, viele noch gar nicht ausgewertet. Die Schätzungen, die bis in die Hunderttausende gehen, sind für Deutschland sicher zu hoch gegriffen. Eine seriöse Angabe scheint die Zahl von 20.000 Hinrichtungen zu sein.

Für Frankreich sind die Informationen über die Zahl der Opfer noch vager. Nur soviel ist gewiß: In dem Land, in dem die Verfolgung begann, mußten Tausende von Menschen ihr Leben lassen. Dabei waren die Gebiete, in denen der Wahn besonders stark wütete, Randzonen, weit weg vom Zentrum Paris. In der Langedoc, im Norden und im Osten hatten die Hexenjäger einen weitaus größeren Handlungsspielraum als im Zentrum des Königreiches. So ließ der Hexenrichter Nicolas Remy in Lothringen während seiner Amtszeit von 1586 bis 1595 mehr als 2000 Menschen hinrichten. In Mittelfrankreich mußten die lokalen Richter dagegen mit einer viel stärkeren Kontrolle rechnen. Hier griffen die königlichen Behörden viel häufiger ein, und verhinderten, daß sich die Prozesse zur Massenhysterie steigerten. Die Stärkung der Zentralgewalt und die religiöse Toleranz, die Frankreich von 1598 bis 1685 erlebte, bieten eine plausible Erklärung für den Rückgang der Prozesse im 16. und 17. Jahrhundert. Neben Frankreich und Deutschland zählte auch die Schweiz zu den Kernzonen der Verfolgung. Jeder Kanton hatte seine eigene Rechtssprechung. Daher kam es zu Prozeßwellen von ganz unterschiedlichem Ausmaß. Insgesamt wurden in der Alpenregion etwa 10.000 Männer und Frauen verbrannt.

In den osteuropäischen Ländern entfaltete sich der Wahn nicht in dem Maße wie im Zentrum Europas, obwohl die Hexenvorstellungen hier auf eine lange Tradition zurückblicken konnten. Russen und Ungarn kannten dämonische Vorstellungen, aber der Wahn erreichte längst nicht das Ausmaß wie im Zentrum Europas. Zu den Opfern in Rußland zählten auffallend viele Männer. Die große Ausnahme unter den osteuropäischen Ländern war Polen. Hier begann die Verfolgung viel später als im benachbarten

Deutschland, erreichte in einigen Regionen aber die gleiche grausame Intensität. Insgesamt ist zu beobachten, daß all die Gebiete, die wirtschaftliche oder kulturelle Kontakte zum Deutschen Reich pflegten, auch die Hexenvorstellungen übernahmen und mehrfach von Prozeßwellen überschwemmt wurden.

Nur in den Niederlanden wurden in der ganzen Zeit weniger als 150 Hexen verbrannt. Woran lag das? Insgesamt reagierten Obrigkeit und Bevölkerung sehr viel zurückhaltender auf die Hexenidee als in anderen Ländern. Katholische wie protestantische Geistliche predigten keinen Hexenglauben und riefen in der Regel nicht zum Kampf gegen die Satansdienerinnen auf. Die weltlichen Behörden fanden kaum Unterstützung bei ihren Verfolgungsjagden. Selbst in schwierigen Zeiten suchte man den Sündenbock nicht unter den Hexen. Das Hexenkonzept fiel hier einfach nicht auf fruchtbaren Boden. Auf den Britischen Inseln kam es zwar zu einzelnen Prozeßwellen, insgesamt nahm die Verfolgung hier jedoch einen viel gemäßigteren Verlauf als auf dem Festland. In Skandinavien gab es während der gesamten Zeit etwa 5000 Prozesse, von denen aber nicht einmal die Hälfte mit dem Tod der Angeklagten endete. Die Situation war ähnlich der auf den Britischen Inseln. Es gab auch in Finnland, Dänemark und Schweden kurze Perioden mit grausamen Hexenjagden. Insgesamt läßt sich jedoch feststellen, daß die Bevölkerung sehr viel seltener von einer Massenhysterie ergriffen wurde und die Gerichte viel weniger häufig das Todesurteil verhängten als im Zentrum Europas.

Erstaunlich ist auf den ersten Blick die Situation in den südeuropäischen Ländern. In Spanien und Italien, wo sich der Funke der Inquisition entzündete, wurden längst nicht so viele Hexen aufgespürt und verbrannt wie im nördlichen Teil von Europa. Das Hexenkonzept der Südländer unterschied sich wesentlich von dem der Nordeuropäer. Auch in Italien und

■ In Südeuropa kam es selbst in Krisenzeiten nicht zu so grausamen Prozessen wie im Norden.

175

Spanien waren viele Menschen von der Existenz der Hexen überzeugt, doch ihre Vorstellungen hatten wenig gemeinsam mit der schadenstiftenden, kindermordenden Hexe. Sie dachten eher an die geheimnisvolle weise Frau, die mit ihren übernatürlichen Kräften Liebeszauber bewirken und in die Zukunft sehen konnte, die heilend wirkte und Unheil abwendete. Es gab zwar auch Prozeßwellen, doch das Todesurteil wurde hier viel seltener verhängt. Außerdem hielten sich die Richter strenger an die Vorschriften. Das hatte zur Folge, daß die Prozesse im Süden Europas nicht mit der gleichen grausamen Intensität geführt wurden, wie in Frankreich, Deutschland und der Schweiz. Deutschland entwickelte sich im Laufe der Hexenverfolgungen vom Randgebiet zur Kernzone. Hier herrschten chaotische Verhältnisse, wohin man blickte. Religiös gespalten, politisch wie wirtschaftlich instabil, bot es die Vorraussetzungen für die Angst, unter der sich die Hexenverfolgung im 16. und 17. Jahrhundert entfalten konnte.

Wieviele Opfer forderte der Wahn?

Über die Zahl der Opfer ist sich die Forschung uneins. Hierzu gibt es nur Schätzungen. Einige sprechen von Millionen unschuldiger Menschen, andere reduzieren die Zahl auf Hunderttausende. Die Spanne reicht von 9 Millionen bis zu einigen hunderttausend Menschen, die in ganz Europa unter dem Vorwand der Hexerei sterben mußten. Angesichts der vielen verlorengegangenen und noch nicht ausgewerteten Gerichtsunterlagen ist es schwierig, eine Bilanz des Schreckens zu ziehen. Neuere Untersuchungen schätzen die Höhe der Opfer meist niedriger ein. Danach liegt die Gesamtzahl der in Europa verurteilten und hingerichteten Menschen bei etwa 100.000. Die Hälfte aller Prozesse mit tödlichem Ausgang fand im Deutschen Reich statt. Besonders betroffen waren darüber hinaus die angrenzenden Länder. Die Schweiz galt lange Zeit als ein Zentrum der Verfolgungen. Hier fielen mindestens 10.000 Menschen dem Wahn zum Opfer. Von Polen gibt es keine genaueren Zahlen. Schätzungen sprechen von 15.000 Prozessen. 10.000 Opfer waren vermutlich auch in Frankreich, Lothringen und Burgund zu beklagen.

Die Zahl der Prozesse, bei denen die Angeklagten nicht verurteilt und hingerichtet wurden, ist aber noch viel höher anzusetzen. Überhaupt muß zwischen der Anzahl der Prozesse und der Hinrichtungen unterschieden werden. Levack wies darauf hin, daß die Spanne der Prozesse mit tödlichem Ausgang von 20% und 90% reicht. So wurden beispielsweise während der Genfer Verfolgungswelle (1537 – 1662) von 318 Angeklagten 68 Menschen hingerichtet, bei der Jagd im Kanton Waadt (1537 – 1630) mußten dagegen von 102, die vor Gericht standen, 90 ihr Leben lassen.

Auf den Britischen Inseln nennen die Quellen 5000 Prozesse. Davon fanden mehr als die Hälfte in Schottland statt. Weitere 5000 Gerichtsverfahren gab es in Skandinavien. In Böhmen, Ungarn und Rußland waren es etwa 4000 Prozesse und in den Mittelmehrländern Italien, Spanien und Portugal gab es insgesamt 10.000 Verfahren. Hier lautete die Anklage meist auf Magie und nicht auf Hexerei, so daß nur wenige Prozesse tödlich endeten.

Insgesamt schätzen neuere Untersuchungen die Zahl der Gerichtsverfahren vorsichtig auf etwa 100.000, von denen 60.000 tödlich endeten. Die aktuellen Zahlen sind also weitaus geringer als ältere Schätzungen. Doch sie können auch nicht annähernd das Ausmaß des Elends von Opfern und ihren Angehörigen zum Ausdruck bringen. Denn dahinter stand eine Unzahl von Menschen, die einer Wahnvorstellung zum Opfer fiel, die gequält und getötet wurden für Verbrechen, die sie nie begangen hatten.

Zeit des Zweifelns –
Das Ende
der Verfolgungen

■ Kritik entzündete sich
vor allem an der grausamen
Folterpraxis.

So lange es Hexenprozesse gab, gab es auch mutige Menschen, die sich kritisch zu den angeblichen Verbrechen äußerten. Zunächst zeigte sich vereinzelt Skepsis bei denen, die zur gebildeten Klasse gehörten, den Theologen, Medizinern und Juristen. Im 17. Jahrhundert nahmen die kritischen Stimmen zu und setzten sich schließlich gegen alle Widerstände durch. Dabei waren die meisten von ihnen immer noch davon überzeugt, daß es Hexen gäbe, aber sie lehnten die Vorstellung von Hexenflug, Teufelsbuhlschaft und Tierverwandlung ab. *Daß sie auff Besem, Gabeln, braunen Pferdlein zum Tantz gefahren seyn, ist ein falscher Wahn*, behauptete Hermann Witekind alias Augustin Lerchheimer schon 1585. *Kein Besem, keine Gabel fleuget durch die Lufft, sie sein geschmiert, wie sie wollen. Wo man sie hinnstellt, da bleiben sie.*

Die Hexen

Herr! Hörst Du die Hexen schreien im Turm?
Eine jede ist doch Dein Kind!
Sie beten! Sie fluchen! Sie rufen nach Dir!
Herr! Und Du weißt, daß als Hexen schuldlos sie sind.

Herr! Wehre den Bütteln beim grausigen Tun!
Befreie die Menschen vom furchtbaren Wahn!
Was willst Du einmal tun beim Jüngsten Gericht –
Wenn die Hexen erscheinen und klagen an?

Die Angeklagten und ihre Angehörigen beteten, bettelten und drohten in ihrem Leid, so daß am Ende auch den Richtern Zweifel kamen. Ohnmächtiger Zorn und unaussprechliches Leid klingt aus den Worten, mit denen Anna Maria Müllerin im Jahre 1627 dem Bamberger Gericht drohte:

Als man ihr das Crucifix zu küssen vorgeraicht, sagt sie, mir [die Verhörrichter] sollens küssen und unser Seligkeit bedenken. Sie sagt auch ausrücklich, das bluetbadt möchte zulezt über denen zusammenschlagen, welche die Leuth examinierten, dann als sie noch zu Würzburg in Verhafft gelegen, hätte sie von anderen gefangenen den Rathschlag gehört, uff alle Examinationen auch zu bekhennen. Es solten Ir Fürstlich Gnaden, alle Thumbherrn, und die Jenigen, welche darmitt umbgehen, helfen, was für ein Glocken über uns alle gegossen sei, es würde das Blutbadt an uns alle ausgehen, dann sie wollen sambtlich nach Zeil uf uns bekhennen.

Johann Weyers war einer der ersten, die sich entschieden gegen den Hexenwahn wehrten. Damit forderte er seine Gegner heraus.

Einer der bedeutensten Gegner der Hexenverfolgung am Ende des 16. Jahrhunderts war Johann Weyer. Er hatte lange in Holland gelebt, war über seine Kontakte zu Erasmus von Rotterdam und Philipp Melanchton vom humanistischen Gedankengut geprägt, bevor er als Arzt an den Hof des Herzogs Wilhelm III. von Kleve Jülich und Berg kam. In dieser politisch wie religiös offenen Umgebung konnte die Schrift *De praestigiis daemonum* (Von den Blendwerken des Teufels) 1563 erscheinen. Darin äußerte er Ansichten, die seiner Zeit weit voraus waren. *Hexen sind Weibsbilder, mehrteils schwaches Geschirr, betagtes Alter, ihrer Sinnen auch nicht aller Dinge bei ihnen selbst, in welcher arbeitseliger elenden Vetteln Phantasei und Einbildung, wann sie mit einer Melancholei beladen oder sonst etwa zaghaft sein, der Teufel sich als ganz subtiler Geist einschleicht, und verkreucht, und bildet ihnen durch seine Verblendung und Täuschereien allerlei Unglück, Schaden und Verderben anderer Leut so stark ein, daß sie nicht anders meinen, dann sie haben´s getan, da sie solcher Sachen allerdings unschuldig sein.* Damit entband er die angeklagten Frauen von der Verantwortung für ihr Tun. Weyer sah sie als seelisch Kranke, die sich ihre bösen Taten nur einbildeten. Sie bräuchten keine Folter und keinen Henker, sondern einen verständnisvollen Arzt, der imstande war, sie zu heilen. Als Mediziner wußte Weyer, daß die sogenannten Hexensalben

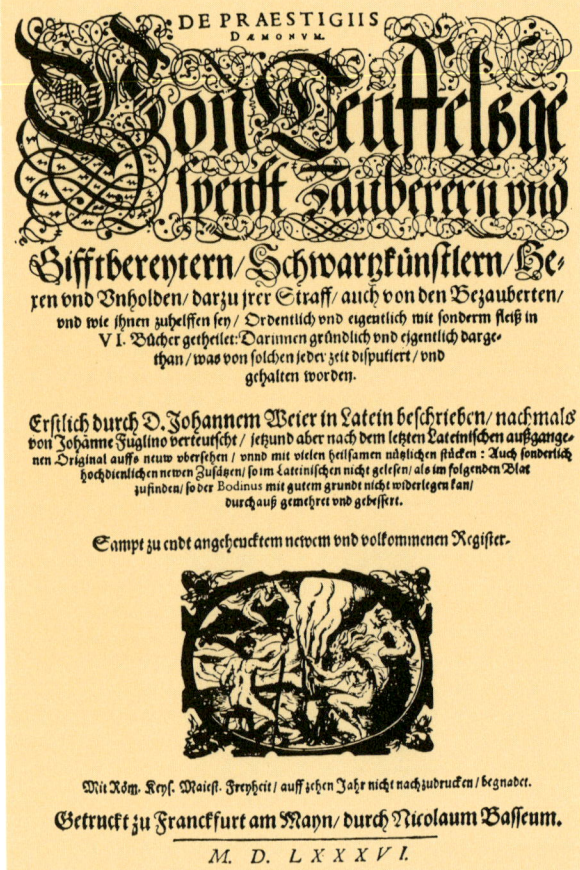

DE PRAESTIGIIS DÆMONVM.

Weyers Worte gegen den Wahn fanden breite Resonanz.

Wirkstoffe enthielten, die Hallunzinationen hervorrufen konnten. Er selbst gab Rezepte an und beschrieb seine Selbstversuche. Damit entlarvte Weyer die Vorstellung vom Hexenflug und Teufelssabbat als harmlose Hirngespinste. Harte Kritik übte er an den Theologen, Medizinern und Richtern, die *zum häufigsten Morden Unschuldiger und zur wahrlich nicht leichten Gewissenswunde der Obrigkeiten* geführt hatte.

Mit seinen revolutionären Ansichten forderte er die Gegner geradezu heraus. *Ja, ich glaube, daß Weyer in alle Verhältnisse der Hexen eingeweiht, daß er ihr Genosse und Mitschuldiger gewesen, daß er, selbst ein Zauberer und Giftmischer, die übrigen Zauberer und Giftmischer verteidigt hat,* hielt ihm der Marburger Arzt und Philosophieprofessor Wilhelm Adolf Scribonius entgegen. Der französische Rechtsgelehrte Jean Bodin verurteilte Weyer aufs Schärfste. Ihm hätte *Gott den Verstand verrückt. Daß dem Weyer zu End seines Buches der Kopf vor Zorn dermaßen erhitzigt, daß er die Richter greuliche Nachrichter und Henker schilt, gibt wahrlich große Vermutung, er besorge sehr, es möchte etwan ein Zauberer oder Hexenmeister zu vile schwätzen, und tut eben wie die kleinen Kinder, welche vor Forcht des Nachts singen.*

Weyers Gegner setzten sich nicht mit den inhaltlichen Argumenten auseinander, sondern griffen die Voraussetzungen an. Die Besessenen und Melancholiker, die Traumdeuter und Schwarzkünstler waren in seinen Augen keine Hexen oder Hexenmeister und verdienten auch keine Todesstrafe.

Seine Schrift richtete sich in erster Linie an die Gebildeten und Verantwortlichen, an die Rechtsgelehrten, die Ärzte und Prediger. Sie stieß einerseits auf begeisterte Zustimmung, andererseits auf heftige Ablehnung. Es war der Heidelberger Mathematikprofessor Hermann Witekind, der unter dem Pseudonym Augustin Lerchheimer Weyers Gedanken aufgriff und unterstützte. Hexen brauchten keine Gewalt sondern verständnisvolle Zuwendung! So schrieb er 1585:

Auch dient zur Verhuetung dieses Übels, daß die Maenner die Weiber lieben, ihnen nicht zu hart seien, dadurch sie in Unwillen und Schwermut fallen, gedencken, hat mich der Teuffel zu diesem Holtzbock gefuehret. Darumb muß man ihnen einen Mut machen, sie mit dem Glauben und Gebet wohl rüsten, daß sie nur getrost und unerschrocken seien, er werde ihnen nichts tun koennen.

Witekind ging noch einen Schritt weiter. Er schränkte die Macht des Satans ein: Der Teufel kann keinem seine Macht mitteilen und eingiessen jemandes damit krank zu machen oder zu stärken, dies oder jenes zu tun über die menschliche Natur, wie Christus seinen Jüngern Kraft eingab, Krankheiten zu heilen und dem Gifte seine Wirkung zu nehmen. Damit mußte er sich in einer Zeit, die beherrscht war von Aberglauben und Magie, herbe Kritik enhandeln.

Die sozialen Gesichtspunkte, die schon Weyer und Witekind ansprachen, betonte Anton Schulze, genannt Prätorius, als er am Ende des 16. Jahrhunderts das Elend in den Gefängnissen schilderte. Die Gefangenen *liegen in ihrem eigenen Mist und Gestank, viel unfläthiger und elender, denn das Viehe, werden übel gespeiset, können nicht ruhig schlafen, haben viel Bekümmernuß, schwere Gedanken, böse Träume,*

■ Kritik an der brutalen Verfolgung kam von allen Seiten: von Theologen, Juristen und Ärzten.

Johann Kruse – ein Gegner des modernen Wahns

Seit 200 Jahren werden keine Frauen mehr als Hexen gefoltert und auf dem Scheiterhaufen verbrannt. Aber der Hexenwahn grassiert seitdem ungehindert weiter und fordert seine Opfer. Noch heute um die Mitte des 20. Jahrhunderts hat jede Stadt in der Bundesrepublik mehrere „Hexen" und fast jedes Dorf seine „Teufelsdienerinnen". Johann Kruses Sammlung ist eine erschütternde Dokumentation über die Verbrechen an der Menschlichkeit.

■ Der Jesuit Friedrich Spee von Langenfeld versuchte, den Teufelskreis von Denunziation, Anklage, Folter und Verurteilung zu durchbrechen.

Schrecken und Anfechtung. Werden über das noch täglich mit Schimpf, Spott und Dräuung vom Stöcker und Henker gequälet und schwermüthig gemacht.

Die kritischen Stimmen nahmen zu. Mutig setzten sich der Jesuit Adam Tanner und sein Ordensbruder Friedrich Spee für die bedrängten Frauen ein.

Die mahnenden, kritischen und drohenden Stimmen führten keine sofortige Änderung der Gerichtspraxis herbei. Aber der Keim war gelegt, und die Bedenken bei den Verantwortlichen nahmen zu. Nach einer langen Schweigepause im Lager der Katholiken äußerte sich der Jesuit Adam Tanner 1627, als die Verfolgungen in Süddeutschland ihren Höhepunkt erreicht hatten. Unter dem Eindruck der Massenprozesse in den fränkischen Hochstiften setzte er sich mit den Gerichtsverfahren, der Denunziation, der Folter und der Hinrichtung auseinander. Er entwickelte sich zu einem der schärfsten Gegner des Hexenwahns. Seine Argumentation hängte er am biblischen Gleichnis vom Unkraut unter dem Weizen auf (Mat 13,29), wonach der Hausherr den Knechten befiehlt, beides zusammen aufwachsen zu lassen und erst bei der Ernte auszusortieren. Das harmlos klingende Gleichnis hatte eine politische Stoßrichtung, die nicht zu unterschätzen war. Es durfte nicht die Aufgabe der Obrigkeit sein, Verbrechen zu bekämpfen, bei denen auch Unschuldige in Mitleidenschaft gezogen wurden. Wer es dennoch tat, maßte sich göttliche Funktion an. Tanner wandte sich gegen die *ungerechten,*

unbedachten und gefährlichen Prozesse und zwar wegen *der äußerst schweren Schäden, die dem Gemeinwesen entstehen können.* Ein unter der Folter erpreßtes Geständnis sollte *für null und nichtig* erklärt werden. *Die Foltern, die bei derartigen Prozessen angewandt werden, sind entsetzlich und zahlreich. Deshalb kann mit Sicherheit gesagt werden, daß die Ange-klagten zu Geständnissen gepreßt werden.* Außer-dem dürften Denunzierungen solcher Art allein nicht für die Verurteilung ausreichen. Und die Reaktion darauf? Zwei Inquisitoren eines mächti-gen Fürsten hatten *zu sagen gewagt, wenn sie diesen Menschen zu fassen bekämen, dann würden sie ohne langes Zögern foltern lassen,* berichtete sein Ordensbruder Friedrich Spee.

Seine *Cautio Criminalis* (Vorsicht bei den Prozes-sen) erschien vier Jahre nach Tanners Werk 1631 anonym. Der Herausgeber berichtete in einem Nachwort, daß er das Manuskript gegen den Willen des Autors drucken ließ. Das trifft sicher nicht zu, aber der Vorwand war formell notwendig, damit der Jesuit Spee nicht in Auseinandersetzungen mit der Ordensleitung geriet. Im Orden war zwar allge-mein bekannt, wie der Verfasser der Cautio Crimi-nalis hieß, aber die Schrift enthielt so hochexplosi-ven Sprengstoff, daß der Autor nicht wagen konnte, persönlich dafür einzustehen. Wie konnte noch einer der Verantwortlichen ruhig schlafen, in dem Wissen, daß Tausende Unschuldiger umgekom-men waren? *Ob die Verfolgung der Schuldigen selbst*

Anwalt der Verfolgten

Als Sohn des kurfürstlichen Küchenmeisters und dessen Ehefrau kam Friedrich Spee von Langenfeld am 25. Februar 1591 in Kaiserswerth zur Welt. Zum Studium ging er nach Köln, von dort mit 19 Jahren nach Trier, wo er als Novize der Gesellschaft Jesu beitrat. Der Hexenwahn machte sich auch unter den Jesuiten breit, und Spee bekam die Auswir-kungen in Trier deutlich zu spüren. Während in Deutschland die Scheiterhaufen loderten, studierte Spee in Würzburg, Fulda und Mainz. Er lehrte in Speyer, Worms und Paderborn, bevor er 1627 wieder nach Köln kam. Kurz vor seiner Ankunft war hier die schöne Postmeisterin Katharina von Henoth in einem grausamen Verfahren hingerichtet worden. Und das gab den letzten entscheidenden Anstoß für die Cautio Crimi-nalis.

Die mutige Schrift gegen den Hexenwahn führte zu heftigen Diskussionen innerhalb und außerhalb des Ordens. Spee war ein geschätzter Berater an Fürstenhöfen, engagierter Lehrer und Seelsorger und ein unbequemer Ordensbruder. Zeit sei-nes Lebens stand er den Verfolgten, Verwundeten und Sterben-den bei. Im 30jährigen Krieg erlebte er hautnah, wie unter dem Vorwand der Religion eiskalte Machtpolitik betrieben wurde. Seine Schrift gegen den Hexenverfolgung zeigt den uner-schrockenen, leidenschaftlichen Kämpfer, seine Lieder und poetischen Texte einen äußerst empfindsamen Menschen. Mit 44 Jahren, im August 1635, starb Friedrich Spee bei der Pflege pestkranker Soldaten in einem Trierer Lazarett.

■ „Wenn Gefahr droht, daß zugleich der Weizen mitausgerauft werde, dann darf auch das Unkraut nicht vertilgt werden. So lautet das Gesetz Christi", schrieb Spee.

dann zu unterbleiben hat, wenn ganz ohne unser Verschulden Unschuldige in Gefahr geraten sollten? fragte Spee und gab die Antwort selbst: Und ich meine, selbst wenn die Obrigkeit keine Schuld an solcher Gefahr treffen sollte, so müßte doch ein für alle Mal die Inquisition und die Ausrottung der Verbrecher unterbleiben. Er deutete an, daß die verantwortlichen geistlichen und weltlichen Herren einen schrecklichen Irrtum begingen, daß es Schadenszauber, Hexenflug und Teufelsbuhlschaft gar nicht gab. Konsequenterweise riet er von jeder weiteren Verfolgung ab.

Ich will der Gerechtigkeit nicht in den Arm fallen, ich will nur dies, was unser Gesetzgeber Christus selbst befohlen hat. Darum sollen die Fürsten auch darauf achten, was das für Leute sind, die so eifrig darauf dringen, das Verbrechen der Magie zu bekämpfen. Denn abgesehen davon, daß, wie gesagt, zu fürchten ist, der Fürst könnte sich durch ihren Eifer zu weit hinreißen lassen, steckt oft noch anderes hinter diesem Eifer, nämlich Habsucht, Unwissenheit, usw. Ich wiederhole also, wenn die Fürsten solche fanatischen Eiferer voll ungezügelter Leidenschaft um sich dulden, dann ist mit Recht zu fürchten, daß sie (wie so häufig geschieht) von der Leidenschaft berauscht, viele dinge nicht bedenken und verhindern, die den unschuldigen Bürgern gefährlich werden müssen, wenn die Prozesse erst einmal in Gang gekommen sind. Damit das nicht eintritt, wird man den Fürsten raten müssen, nicht nur die Prozesse so vorsichtig wie möglich führen zu lassen, sondern ganz einfach überhaupt keine Hexenpro-

Die Kölner Hexe Katharina

D ie Kölner Familie Henoth zählte zu den wohlhabenden und angesehenen Bürgern der Stadt. Katharinas Vater war Postmeister, ihr Bruder Hartger Jurist und Inhaber mehrerer kirchlicher Ämter. Katharina selbst übernahm als Witwe das Amt der Postmeisterin von ihrem Vater. Eine ihrer Töchter lebte im Kloster St. Klara, und das hatte fatale Folgen für die Familie. Denn es gab dort auch Schwestern, die unter hysterischen Anfällen litten, sich vom Teufel besessen fühlten und in Katharina Henoth die Urheberin des Übels sahen. Das Gerücht, die Henot wäre eine Hexe, machte die Runde. Im Spätsommer des Jahres 1626 beschloß der Erzbischof zusammen mit dem Rat der Stadt die Festnahme. Bestürzt erhoben Freunde und Verwandte Einspruch. Aber ohne Erfolg. Die Angeklagte wurde gefoltert, einmal, zweimal, dreimal – ohne ein Geständnis abzulegen. Das Gericht verurteilte sie trotzdem zum Tode. Wenige Tage vor der Vollstreckung im März 1627 schilderte die Verzweifelte in einem Brief an ihre Angehörigen den Prozeßverlauf und wies alle Vorwürfe weit von sich. Ist alles erlogen, schrieb sie. Auf Bitten ihrer Verwandten standen am Tag der Hinrichtung auch zwei Geistliche unter den Schaulustigen, die ihr Trost geben sollten. Der Karren mit der Angeklagten rollte vorbei bis nach Melaten (heute Melatengürtel), wo sich der Galgenhügel befand. Möglicherweise war Friedrich Spee Augenzeuge dieses Justizmords. Jedenfalls begann er kurze Zeit später mit seiner Schrift gegen den Hexenwahn.

zesse führen zu lassen. Fanatismus, Neid und Habgier, das waren die Antriebe für die Verfolgung. Spee ließ nicht zu, daß sich die Obrigkeit ihrer Verantwortung entzog. Er appellierte an die Vernunft der Fürsten, Gewalt und Willkür durch Recht und Gerechtigkeit zu ersetzen. Dazu war als erstes notwendig, daß die Richter und Henker keinen Kopflohn erhielten, sondern ein festes Gehalt. Sie sollten bezahlt werden, unabhängig davon, wieviele Menschen sie straften und verurteilten. Darüber hinaus setzte sich Spee vehement für die Abschaffung der Folter ein, die er als sinnlose Quälerei ansah. *Auf, greift Kapuziner, Jesuiten, alle Ordenspersonen und foltert sie, sie werden gestehen. Leugnen welche, so drei-, viermal, sie werden schon bekennen. Bleiben sie noch immer verstockt, dann exorziert, schert ihnen die Haare vom Leib, sie schützen sich durch Zauberei, der Teufel macht sie gefühllos. Fahrt nur fort, sie werden sich endlich doch ergeben müssen. Wollt ihr dann noch mehr, so packt Prälaten, Kanoniker, Kirchenlehrer, sie werden gestehen, denn wie sollen diese zarten, feinen Herren etwas aushalten können? Wollt ihr immer noch mehr, dann will ich euch selbst foltern lassen und ihr dann mich. Ich werde nicht in Abrede stellen, was ihr gestanden habt. So sind wir schließlich alle Zauberer.* Ebenso unvernünftig und grausam war in seinen Augen die Denunziation. Harte Kritik übte Spee an seinen Kollegen, den *Beichtvätern,* die einst *vor dem höchsten Richter werden*

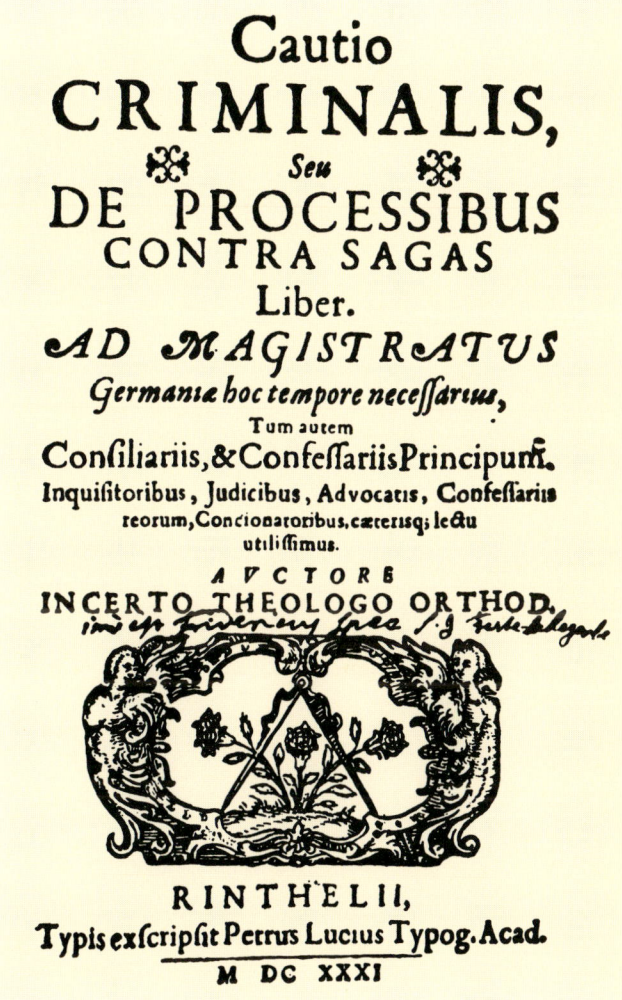

Rechenschaft ablegen müssen. Es ist ja nicht nur den Laien, sondern an manchen Orten auch den Beichtvätern ein Preis für jeden Angeklagten ausgesetzt. Sie essen und trinken sich gemeinsam mit den Inquisitoren satt am Blute der Armen, das sie bis zum letzten Tropfen aussaugen. Die Verlockung, gemeinsame Sache zu machen, ist gar zu groß. Als Beichtvater kannte Spee die Nöte und Qualen der Frauen aus erster Hand. Bittere Resignation und tiefes Mitgefühl mit den Gequälten spricht aus seinen Worten: *Wenn die Hexe so umkommen muß, ob sie ein Geständnis abgelegt hat oder nicht, dann möchte ich um der Liebe Gottes willen wissen wie hier irgendjemand, er sei noch unschuldig, soll entrinnen können? Unglückliche, was hast du gehofft? Warum hast du dich nicht gleich beim ersten Betreten des Kerkers für schuldig erklärt? Törichtes, verblendetes Weib, warum willst du den Tod so viele Male erleiden, wo du es nur einmal zu tun brauchtest? Nimm meinen Rat an, erkläre dich doch vor aller Macht schuldig und stirb. Entrinnen wirst du nicht.* Spee litt sehr darunter, daß er im Grunde nicht helfen konnte. Der Pater bestätigte auch den grausigen Verdacht, daß Henkersknechte die Frauen vergewaltigten und sinnlos quälten, bevor sie sie töteten. *Es ist mir nämlich zu Ohren gekommen, daß eine Angeklagte geschoren werden sollte, von einem solchen Wüstling erst vergewaltigt worden ist und er hernach der Schnelligkeit halber die Haare mit einer Fackel abgesengt hat.* Spee sah durch die rigorose Hexenverfolgung den *Weizen selbst in Gefahr mitausgetilgt* zu werden.

Ganz anders argumentierten seine Gegner. Das Verbrechen sollte mit Stumpf und Stil ausgerottet werden. Jedes Mittel war ihnen recht, keine Folter zu grausam. Zwei unterschiedliche Weltanschauungen prallten hier aufeinander, die ihren Ausdruck im gegensätzlichen Gottesbild fanden. Während seine Gegner den Rächer des Alten Testamentes beschworen, war Spees Gott der liebende und verzeihende Christus, der den neuen Bund geschlossen hatte. *Es muß gezeigt werden, wie unser Gott nicht ist, wie die Götzen der Heiden, die von ihrem Zorn nicht lassen kön-nen. Daß er ein für alle Male von unbegreiflicher Liebe zum Menschenge-schlecht erfüllt ist, die zu tief ist, als daß er nun noch das Versprechen sei-ner Zuneigung widerrufen könnte.*

Spees Werk hatte nicht nur eine theologische Dimension, sondern vor allem eine politische. *Er ließ nicht zu, daß sich die Für-sten ihrer Verantwortung entzogen. Wer aber wird es vor Gott zu verantworten haben?* fragte er. *Vor allem die Fürsten (sollten) die Verantwortung für diese Prozesse zu tragen haben. Den Obrigkeiten Deutschlands* hatte er sein Buch gewidmet. Spees Worte hatten keine direkte Wirkung auf die Prozesse. Aber es war eine lei-denschaftliche Stimme, die zusammen mit vielen andern die Wende im Kampf gegen die Hexen vorbe-reitete.

Die Betroffenen in den Hochburgen des Wahns, in Würzburg, Bamberg und anderen Erzstiften wandten sich schließlich direkt an den Kaiser mit der Bitte, das sinnlose Morden endlich einzustellen.

Der Höhepunkt der Verfolgungswellen in Süd-deutschland leitete zugleich die Wende ein.

Die Juristen schalten sich in die Debatte ein: Im 18. Jahrhundert siegte schließlich die Vernunft

Es war sein Beruf, der den preußischen Rechtsgelehr-ten Thomasius dazu brachte, das Gerichtsverfahren bei den Hexenprozessen zu überprüfen und in Frage zu

■ Durchschlagenden Erfolg hatte der Jurist Christian Thomasius zu Beginn des 18. Jahrhunderts.

Bamberger Bittschrift

Im Jahre 1631 wandten sich die Bamberger Bürger an Kaiser Ferdinand II., mit der Bitte, alle gefange-nen Hexen freizulassen. Es sei weltbekannt und werde wohl aus dem, zu Regensburg überreichten, Verzeichnis aller Eingefangenen Bericht darüber erstattet worden sein, wie blutgierig, unchristlich und unbarmherzig die fürstlich Bambergischen Hexen-Commissäre in so kurzer Zeit eine so grosse Menge von sechshundert Personen vornehme und geringe, junge und alte, mit Schwert und Feuer, unter Einziehung ihres Vermögens, ohne ordentliche Rechtssprechung, in Folge eines verwirrten Proces-ses hätten hinrichten lassen. Die hochbedrängten armen Leute, welche gegenwärtig den kaiserlichen Schutz anriefen, seien theilweise ein, zwei und drei Jahre an den genannten Orten mit harten, schweren Banden und Ketten, unschuldig eingeschlossen, des Sponnenlichts beraubt und, abgesehen von Hunger und Durst, harrten sie, nach Erduldung verschiede-ner Folterqualen, im grössten Elend geduldig und standhaft aus, um ihre Unschuld zu beweisen. Des-shalb seien sie genöthigt, dem Kaiser, als dem Vater aller Armen und dem Oberhaupt der Christenheit, ihre höchste Beschwerde, Angst und Nothlage vor-zutragen, welcher in seiner Gerechtigkeit sie nicht trostlos lassen werde.

■ Seit dem 17. Jahrhundert ging die Hexenverfolgung in allen Teilen Europas zurück. Sie war aber erst am Ende des 18. Jahrhunderts abgeschlossen.

Der Fall Maria Anna Schwägelin

Die letzte Hexenhinrichtung in Deutschland fand in der Fürstabtei Kempten statt. Vor dem Richterstuhl stand die 40jährige arme und alleinstehende Dienstmagd Maria Anna Schwägelin. Nachdem ihr der Henker hart zugesetzt hatte, gestand sie schließlich, den Pakt mit dem Teufel auf dem Sennhof geschlossen, Gott selbst, der Mutter Gottes und allen Heiligen abgeschworen und sich dem Teufel übergeben zu haben. Dieser war ihr nachts im Traum wie ein Männlein von 16 oder 17 Jahren erschienen. Er hatte sie zum Geschlechtsverkehr gezwungen und wollte sie in den Selbstmord treiben. Die Folterknechte hatten ein leichtes Spiel mit der bedrängten und verwirrten Seele, die sich sicher war: Es nutze sie kein Betten mehr, sie seye schon verdammt. Von der Zeit an, als sie dem Augustiner gebeichtet und nicht recht absolviret worden zu seyn geglaubet, komme ihr bishero im Traum und in dem Schlaf vor, als wan sie sich immer mit dem Teufel versündigen thue.
Ungerührt verhängten die Richter am 11. April 1775 das Todesurteil über die Frau.

stellen. Seine Untersuchungen machten ihn schließlich zu einem der schärfsten Kritiker des Hexenwahns. Aus Thomasius sprach der Geist der Aufklärung. Der Staat sollte das Recht des Einzelnen auf freie Entfaltung durchsetzen und dabei nach den Grundsätzen der Vernunft, nicht nach göttlichen Geboten handeln. Die Religion sollte Privatangelegenheit bleiben. Thomasius bestritt ebensowenig wie Spee die Existenz der Hexen, doch auch er hielt Teufelspakt und Schadenszauber für fiktive Verbrechen. In seinem 1701 erschienen Werk *De crimine magie* (Vom Verbrechen der Zauberei) argumentierte er scharfsinnig gegen alle abergläubischen Vorstellungen. Dabei warnte er vor blinder Autoritätsgläubigkeit und kritikloser Übernahme älterer Lehrmeinungen.

Thomasius ist es zuzuschreiben, daß die Verfolgung allmählich eingedämmt werden konnte. Seine hohe Stellung am königlich-preußischen Hof und sein Ansehen im In- und Ausland verhalfen seinen Worten und Werken zu durchschlagendem Erfolg. Bereits König Friedrich I. schränkte 1706 die Verfolgungen ein. Aber noch bis 1728 verbrannten in Preußen Hexen.

Während Frankreich, England und Schottland die Verfolgung und Hinrichtung schon zu Beginn des 18. Jahrhunderts einschränkten, hielt Deutschland auch in diesem Fall den traurigen Rekord. *Das ist letzten Endes die unselige Folge des frommen Eifers Deutschlands,* hatte bereits Friedrich Spee erkannt.

In Frankreich waren die Prozesse im Einflußbereich des Pariser Parlaments schon seit den 1620er Jahren zurückgegangen und nach dem königlichen Erlaß von

1682 stark eingeschränkt worden. In Schottland gab es bis 1722 vereinzelte Hinrichtungen, in England nur bis 1682. Die letzte dänische Hexenhinrichtung wurde 1693 auf der Insel Falster vollzogen. 1751 verbrannte die letzte Hexe in Württemberg, 1775 die letzte in der Fürstabtei Kempten, und damit loderten die Flammen zum letzten Mal bei einer öffentlichen Hinrichtung in Deutschland.

Die letzte Hexenhinrichtung im polnischen Posen im Jahr 1793 war vermutlich illegal. Die Stadtherren verurteilten zwei Frauen, weil sie rote entzündete Augen hatten und die Tiere des nachbarlichen Hofes ständig krank waren. Sobald ihr das Gerücht zu Ohren kam, verbot die königliche Kommission sofort die Urteilsvollstreckung. Doch da war es schon zu spät. Der Volkszorn hatte sich bereits Luft gemacht. Die beiden Frauen waren in der Zwischenzeit verbrannt.

Der volkstümliche Hexenglaube hielt sich erstaunlich hartnäckig. Die staatliche Hexenverfolgung war durch Erlasse und Gesetze in allen europäischen Ländern spätestens seit dem Ende des 18. Jahrhunderts beendet worden. Trotzdem kam es immer wieder zu Übergriffen gegen andere, vor allem gegen Außenseiter und Exzentriker, Arme und Alte. Bis in unser Jahrhundert verfluchten, verfolgten, erschlugen oder verbrannten Fanatiker andere Menschen wegen angeblicher Hexerei. Ein spektakulärer Fall ereignete sich im November 1722 in Nordjütland. Als sein Pferd unter mysteriösen

Der Wahn in der Neuen Welt

Es mußte schon mit dem Teufel zugehen. Das war die feste Meinung des Arztes, der im Januar 1692 die neunjährige Pfarrerstochter Betty Parris aus Salem untersuchte. Anders ließ sich nicht erklären, daß das Mädchen und ihre 11jährige Cousine Abigail, die mit in dem frommen Pfarrhaushalt an der amerikanischen Ostküste lebte, auf einmal von wilden Krämpfen geschüttelt wurden, tobten und Gott verfluchten. Der Vater und Pfarrer Samuel Parris hatte einen vagen Verdacht, der sich bald bestätigte. Schuld an dem Unglück war offensichtlich die schwarze Sklavin Tituba, die aus Barbados kam und im Haushalt lebte. Mit ihren schaurigen Geschichten über den Voodoozauber unterhielt sie die Kinder aus der Nachbarschaft. Sobald das Gerücht von der Zauberei die Runde machte, verfielen auch andere Kinder dem Wahn. Sie zitterten, tobten und fluchten. Nichts konnte sie von ihrer Besessenheit erlösen. Auch Gebete halfen hier nicht. Im Gegenteil, es schien, als verstärkten sich die kindlichen Ausbrüche bei Gebetsübungen und Singstunden der Erwachsenen sogar noch. Die Kinder beschuldigten sich selbst und andere, grausige Verbrechen begangen zu haben. Scheinbar ungerührt sahen sie zu, wie ihre Opfer gefoltert, verurteilt und hingerichtet wurden. Der Wahn zog immer weitere Kreise. Erst als im Spätsommer des Jahres 1692 auch seine Frau in Verdacht geriet, bereitete der Gouverneur von Massachusetts, Sir William Phips, dem Schrecken ein Ende.

Einfälle und Träume in Goyas Kunst

Als Sohn eines spanischen Landadligen kam Francisco José de Goya 1746 in Aragonien zur Welt. Er studierte Malerei in Saragossa, Madrid und Rom, verdiente sein Geld in der Teppichmanufaktur in Madrid und übernahm Aufträge für den spanischen König. Später emigrierte er nach Frankreich, wo er bis zu seinem Tod 1828 lebte. Goya hatte sich den verschiedensten Themen seiner Zeit zugewandt, sie kritisch beleuchtet und ironisch, zuweilen auch hämisch, entlarvt. Vor allem die Hexen- und Dämonendarstellungen erzählen von den Ängsten und Alpträumen der Menschen. Sie zeigen Nöte und Verzweiflung, die aus der Hingabe an unkontrollierbare Triebe resultierten. In der Sammlung der *suenos* (Träume) – die Goya später *caprichos* (Einfälle) nannte – zeigen die Hexenmotive die verkehrte Welt. Höfische Rituale wurden ins Lächerliche gezogen, die Laster und Begierden des Adels schonungslos demaskiert. Der Wollust waren beide, Mann und Frau, Hexe und Ziegenbock willenlos ausgeliefert, wie die Zeichnung „Hexenflug" zeigt. Keiner von beiden wußte, wohin der wilde Ritt ging. Keiner hatte die Kontrolle.

Umständen ums Leben kam, schürte der Bauer Christen Thordal aus Oster Gronning in Salling das Gerücht, die alte und alleinstehende Dorte Jensdatter wäre schuld am Tod des Tieres. Dorte Jensdatter hatte die 50 überschritten. Sie lebte allein in einem kleinen Häuschen und verdiente ihren Unterhalt durch Lohnspinnen und Aushilfsarbeiten. Im Dorf ging das Gerücht um, sie hätte schon mehreren Kühen den Tod angehext und auch zwei Kinder verzaubert, die langsam dahinsiechten. Christen Thordahl stieß auf offene Ohren, als er die alte Frau verdächtigte. Er rief einige Nachbarn zusammen und gemeinsam schleppten sie Dorte zum Verhör in ein Haus. Dort banden sie sie an einen Pfosten und trieben sie mit ihren Fragen in die Enge. Als die völlig verstörte Frau keinen Ton mehr herausbrachte, spielten die Ankläger mit dem Feuer. Sie schwangen eine brennende Öllampe solange vor Dortes Gesicht hin und her, bis ihre Kleider Feuer fingen. Gegenseitig stachelten sie sich auf. *Wenn sie anders nicht brennen kann, dann muß sie im Namen von Tod und Teufel verbrannt werden,* rief einer ihrer Mörder betrunken. Ein anderer zündete das Stroh an. Als die Männer am nächsten Morgen zum Schauplatz des Verbrechens eilten, war von Dorte und dem Haus nichts mehr übrig außer Asche. Der Fall wurde bis zum höchsten Gericht getragen. Zwei Verbrecher verurteilten die Richter zum Tode, die anderen kamen davon. Die Ereignisse in dem kleinen Dorf hatten mittlerweile weite Kreise gezogen. Von nah und fern strömten die Leute zu der öffentlichen Hinrichtung in der Bostruper Heide. Eine Ballade über den Mord an der alten Frau machte die Runde und ist bis heute bekannt. Komponiert hat sie der Theologe

Schlußbemerkung

Bis ins 20. Jahrhundert mußten Menschen, die unter dem Verdacht der Hexerei standen, um ihr Leben fürchten. In Norddeutschland haben sich in den 50er Jahren unseres scheinbar so rationalen Jahrhunderts unglaubliche Ereignisse zugetragen. In der Lüneburger Heide riefen ganze Dorfgemeinschaften, die sich verzaubert fühlten, zur Hexenjagd auf. Es dauerte nicht lange, da eilten ihnen zahlreiche Hexenbanner zu Hilfe und gingen gegen mehr als 200 Frauen handgreiflich vor. Ställe und Häuser wurden ausgeräuchert, Gärten verwüstet, Familien auseinander gerissen und Menschen vertrieben. Die meisten der angegriffenen Frauen suchten gar keine Hilfe vor Gericht. Entweder hatten sie den Glauben an die Gerechtigkeit verloren oder ihnen fehlten ganz einfach die finanziellen Mittel für einen langwierigen Prozeß. Ihr Schicksal wäre nie bekannt geworden, hätte sich nicht der mutige Ethnologe und Lehrer Johann Kruse aus Dithmarschen für die Verfolgten eingesetzt. Sein Schlüsselerlebnis beschreibt er so: *Als Zwölfjähriger erlebte ich, wie eine alte Tagelöhnerwitwe aus der Nachbarschaft Trost und Hilfe suchend zu meiner Mutter kam. Sie war gerade von einem Bauern, der seine Kinder und sein Vieh behext wähnte, mit drohend erhobenem Knüppel und dem gebrüllten Wort „du Hex" vom Hof gejagt worden. Das Weinen der alten Frau und die Trostworte meiner Mutter bewirkten, daß ich später den Kampf gegen den Hexenwahn aufnahm.* In seinem Archiv zur Erforschung des neuzeitlichen Hexenwahns dokumentierte Kruse die Fälle der Geächteten und Verfolgten, die in keinem Gerichtsverfahren zur Sprache kamen.

Zittert, die Hexen sind wieder da. So lautete das Motto der Frauenbewegung in den 70er Jahren. Seit einigen Jahren demonstrieren Frauen in der Walpurgisnacht, der Nacht zum 1. Mai, gemeinsame Stärke und weibliche Magie. Gibt es sie also noch heute, die Hexen? In unserem Jahrhun-

Wiccasymbole

Die Anhänger des Wiccakultes kennen viele magische Symbole, die zum Teil seit alters her überliefert sind und nur untereinander weitergegeben werden. Sie finden Anwendung in Briefen, persönlichen Büchern oder bei Kulthandlungen. In ein Ritual gekleidet gehören oft Bann- und Abwehrgesten dazu

Göttin	magischer Kreis	Salz	Widersinn	Sommer
Göttin	Weihrauchgefäß	Kräuter	Deosil	Herbst
Kerze	Pentagramm	Wein	Die Sonne	Winter
Besen	Stab	Wasser	Sonnenaufgang	Der Mond
Kessel	magisches Messer / Schwert	Unvergänglichkeit	Sonnenuntergang	Mondaufgang
Freudenfeuer	Altar	Bann / Gift / Tödlich	Frühling	Monduntergang

dert hat eine Renaissancebewegung eingesetzt, die traditionelle Kulte unter positivem Vorzeichen wiederaufleben läßt. Eine Bewegung, die von England ausging, in den USA und mittlerweile auch in Deutschland viele Anhänger gefunden hat, ist der Wicca-Kult. Der Engländer Gerald B. Gardner gab mit seinem Buch Witchcraft Today, das in den 50er Jahren für Aufregung sorgte, den entscheidenden Anstoß für eine Hinwendung zum Okkultismus. Gardner, der als Jugendlicher durch längere Afrikaaufenthalte das dortige traditionelle Hexenwesen kennenlernte, war so fasziniert von dem geheimnisvollen dunklen Spiel der Kräfte, daß er bei seiner Rückkehr Kontakt zu britischen Hexenkreisen aufnahm. Daraus entwickelte sich der Wicca-Hexenkult, ein Fruchtbarkeitsmythos mit religiösen Zügen und eigenen Ritualen. Im Mittelpunkt des Wicca-Kults stehen männliche und weibliche Gottheiten, die zusammen eine Ganzheit repräsentieren. Sie werden mit Gebeten, Opferga-

ben und Tänzen verehrt. Erotik spielt dabei eine große Rolle. Ursprünglich waren die Hexenzirkel auf 13 Männer und Frauen beschränkt, denen eine Hohepriesterin vorstand.

Eine ähnliche Ausrichtung hat der Hexenkult, den einer seiner Schüler, der amerikanische Anthropologe Raymond Buckland mit seiner Frau Rosemarie auf Long Island gründete.

Das moderne Hexenwesen unterscheidet sich grundlegend von dem traditionellen. Während die Hexen der Frühen Neuzeit als Inbegriff des Bösen galten, pflegen die modernen Hexen die weiße Magie. Sie suchen nach den dunklen spirituellen Kräften im Körper. Vor allem die Frauen unter ihnen pflegen Fruchtbarkeitskulte und begreifen sich als Weise Frauen. Mit einem Selbstbewußtsein, das den frühneuzeitlichen Hexen völlig fehlte, haben sich einige von ihnen zu Gemeinschaften zusammengeschlossen. Einer Umfrage aus den 80er Jahren zufolge hielten ein Drittel der Menschen, die in der damaligen Bundesrepublik lebten, Hexerei für möglich. In der Hauptsache waren es ältere Leute. Doch haben anscheinend weder das Bildungsniveau noch die Religionszugehörigkeit etwas mit den Hexenvorstellungen zu tun. Im Klartext: Der Aberglaube ist unter Katholiken genauso verbreitet wie unter Protestanten, und auch Atheisten halten Zauberei grundsätzlich für möglich.

In Südafrika suchen die Verantwortlichen seit der politischen Wende nach neuen Wegen. Anerkennung statt Ausgrenzung heißt das Ziel. Traditionelle Vorstellungen und Praktiken, die fester Bestandteil einer jahrhundertealten gewachsenen Kultur sind, sollen integriert statt ignoriert werden. Während Missionare, Kolonialherren und Apartheisregime den Glauben an Hexerei als Hirngespinst verurteilten, will der ANC diese Vorstellung als festen Bestandteil der afrikanischen Kultur aufnehmen und pflegen. Damit erkennt er einerseits spirituelle Kräfte und traditionelle Riten an

und versucht andererseits Gewalt und Diskriminierung, die sich vorwiegend gegen Außenseiter richten, einen Riegel vorzuschieben.

Vom Aberglaube bis zur Ausgrenzung und Verfolgung ist es nicht weit. Die jüngste Geschichte zeigt, daß Wahn und Angst auch über unser Jahrhundert hereinbrechen und verheerende Auswirkungen haben können. Das traurige Kapitel der massenhaften Verfolgung und Vernichtung von Menschenleben auf europäischem Boden ist noch lange nicht abgeschlossen. Viele Gerichtsakten über das frühneuzeitliche Hexenwesen sind immer noch nicht ausgewertet worden, andere sind verloren gegangen. Viele Fragen sind noch offen.

Immer noch suchen angeblich aufgeklärte Gesellschaften in Krisenzeiten, in denen die Ordnung in Gefahr ist, nach schwarzen Schafen. Und immer dann, wenn eine Religion oder eine Weltanschauung die absolute Wahrheit für sich in Anspruch nimmt und Minderheiten ausgrenzt, ist Vorsicht geboten.

Ahrendt-Schulte, I., Weise Frauen - Böse Weiber. Die Geschichte der Hexen in der Frühen Neuzeit, Freiburg 1994

Alpenburg, J.N., Mythen und Sagen Tirols, Zürich 1857

Becker, G./Bovenschen, S./Brackert, H. u.a., Aus der Zeit der Verzweiflung. Zur Genese und Aktualität des Hexenbildes, Frankfurt 1977

Baroja, J.C., Die Hexen und ihre Welt, Stuttgart 1967

Behringer, W. (Hrsg.), Hexen und Hexenprozesse in Deutschland, München 21993

Behringer, W., Hexenverfolgung in Bayern, München 1987

Behringer, W., Kinderhexenprozesse, in: Zeitschrift für historische Forschung 16 (1989), S. 34ff

Borst, A., Barbaren, Ketzer und Artisten. Welten des Mittelalters, München, Zürich, 1988

Dülmen, R. van (Hrsg.), Hexenwelten. Magie und Imagination vom 16 bis 20. Jahrhundert, Frankfurt am Main 1987

Ernst, C., Teufelsaustreibungen. Die Praxis der katholischen Kirche im 16. und 17. Jahrhundert, Bern 1972

Haerkötter, G./Haerkötter, M., Hexenfurz und Teufelsdreck. Liebes-, Heil- und Giftkräuter: Hexereien, Rezepte und Geschichten, Frankfurt am Main 1986

Hammes, M., Hexenwahn und Hexenprozesse, Frankfurt am Main 1977

Hansen, J. (Hrsg.), Quellen und Untersuchungen zur Geschichte des Hexenwahns, ND der Ausgabe Bonn 1901, Hildesheim 1963

Hansen, J., Zauberwahn, Inquisition und Hexenprozeß im Mittelalter und die Entstehung der großen Hexenverfolgung, ND der Ausgabe München, Leipzig 1900, Aalen 1964

Hausschild Th./Staschen, H./Troschke, R., Hexen. Katalog zur Sonderausstellung „Hexen" im Hamburg. Museum für Völkerkunde, Berlin 121986

Heinsohn, G./Steiger O., Die Vernichtung der Weisen Frauen, München 21987

Hortzitz, N. (Hrsg.), Hexenwahn: Quellenschriften des 15. bis 18. Jahrhunderts aus der Augsburger Staats- und Stadtbibliothek, Stuttgart 1990

Keller, W.O. (Hrsg.), Hexer und Hexen in Miltenberg und der Cent Bürgstadt. „Man soll sie dehnen, bis die Sonn´ durch sie scheint!" Beiträge zur Geschichte der Hexenprozesse am südlichen Untermain, Miltenberg 1989

Levack, B.P., Hexenjagd. Die Geschichte der Hexenverfolgungen in Europa, München 1995

Lorenz, S./Bauer, D.R. (Hrsg.), Das Ende der Hexenverfolgung (Hexenforschung 1), Stuttgart 1995

Lorenz, S. (Hrsg.), Hexen und Hexenverfolgung im deutschen Südwesten. Aufsatzband (Volkskundliche Veröffentlichungen des Badischen Landesmuseums Karlsruhe 2/2), Stuttgart 1994

Lorenz, S./ Bauer, D.R. (Hrsg.), Hexenverfol-

gung. Beiträge zur Forschung - unter besonderer Berücksichtigung des südwestdeutschen Raumes (Quellen und Forschungen zur europäischen Ethnologie 15), Würzburg 1995

Molnár, A., Die Waldenser. Geschichte und Ausmaß einer europäischen Ketzerbewegung, Freiburg 1993

Muchembled, R., Kultur des Volkes - Kultur der Eliten. Die Geschichte einer erfolgreichen Verdrängung, Stuttgart 1982

Niess, W., Hexenprozesse in der Grafschaft Büdingen. Protokolle-Ursachen-Hintergründe, Büdingen 1982

Petzoldt, L., Kleines Lexikon der Dämonen und Elementargeister, München 1990

Renczes, Andrea, Wie löscht man eine Familie aus? Eine Analyse der Bamberger Hexenprozesse, Pfaffenweiler 1990

Sallmann, J. M., Hexensabbat (Abenteuer Geschchte 21), Ravensburg 1991

Schmölzer, Hilde, Phänomen Hexe. Wahn und Wirklichkeit im Laufe der Jahrhunderte, München, Wien 1986

Schöpf, H., Zauberkräuter, Graz 1986

Schorman, G., Hexenprozesse in Deutschland, Göttingen 1981

Sebald, H., Hexen damals - und heute?, Frankfurt 1987
Sebald, Hexenkinder, Frankfurt am Main 1996

Segl, P. (Hrsg.), Der Hexenhammer. Entstehung und Umfeld des Malleus Maleficarum, Köln, Wien 1988

Sievernich, M. (Hrsg.), Friedrich von Spee. Priester-Poet-Prophet, Frankfurt am Main 1986

Soldan, W.G./Hoppe, H., Geschichte der Hexenprozesse. Aus den Quellen dargestellt, ND der Ausgabe Hanau o.J., Stuttgart 1843

Spee, F., Cautio criminalis oder die Rechtlichen Bedenken wegen der Hexenprozesse, übertragen und eingeleitet von J.-F. Ritter, München 21983

Sprenger, J./Institoris, H., Der Hexenhammer (Malleus Maleficarum). Aus dem Lateinischen übertragen und eingeleitet von J.W.R. Schmidt, ND der Auflage Berlin 1906, München 121996

Valentinitsch, H. (Hrsg.), Hexen und Zauberer. Ein europäisches Problem in der Steiermark, Graz, Wien 1987

Weber, H., Kinderhexenprozesse, Frankfurt, Leipzig 1991

Weber, H., „Von der verführten Kinder Zauberei". Hexenprozesse gegen Kinder im alten Württemberg, Sigmaringen 1996

Wolf, H.-J., Hexenwahn und Exorzismus. Ein Beitrag zur Kulturgeschichte, Kriftel im Taunus 1980